RADIUS  BÜCHER

Peter Härtling

Das wandernde Wasser.
Musik und Poesie
der Romantik

Salzburger Vorlesungen 1994

Die Deutsche Bibliothek – CIP-Einheitsaufnahme

Härtling, Peter:
Das wandernde Wasser: Musik und Poesie der Romantik:
Salzburger Vorlesungen, Januar 1994. – Stuttgart:
Radius-Verl., 1994
ISBN 3-87173-006-8

ISBN 3-87173-006-8
Umschlag: Dieter Kurzyna
Satz, Druck und Bindung bei Clausen & Bosse, Leck
Printed in Germany

1. Vorlesung:

Melusine

Melusine

Gewidmet Christa Wolf,
die, ich bin sicher,
viel von den Melusinen weiß,
mit Zuneigung zum 18. März 1994

Ich schreibe und höre zugleich Musik.

Höre ich sie tatsächlich, oder durchfließt sie mein Unterbewußtsein, setzt etwas in ihm in Bewegung, das sich den Wörtern, meiner Sprache mitteilt: in einem bestimmten Rhythmus, einem besonderen Tempo? Es ist meine *Begleitung*. Ich brauche sie zur Arbeit. Nicht immer. Manchmal wird Stille nötig.

Doch jetzt zum Beispiel, da ich zum wiederholten Male, doch ausholender als bisher, über den Wanderer in Musik und Poesie, über Fremde, Unrast und Fernweh, über das wandernde Wasser und die schönen Verkörperungen dieses Elements nachdenken möchte, redet mir Artur Schnabel mit den Impromptus von Schubert hinein.

Sie sind mir vertraut. Ich höre sie und weiß sie im voraus. Meine Sätze können sich auf sie einstellen; wenn ich pausiere, die Hände ruhig halte oder die Gedanken ins Trudeln geraten, werden sie etwas lauter, nehmen mich ein.

Es ist eine Musik, die mich zu der einen Stunde aufmuntern und aufreißen, zur andern Stunde zu Tränen rühren kann.

Was hat das mit Literatur zu tun? Mit Musik? Mit einer die beiden verbindenden und verbündenden Ästhetik?

Ich stelle mir eine Durchdringung der beiden Medien vor. Nicht allein Metrum und Rhythmus sollten einander bedingen können. Sondern ein Motiv, ein Thema, eine Geschichte und ihre Durchführung könnten sich immer wieder auf den Grund der Musik und gleichermaßen auf den der Sprache besinnen.

Vor dreißig Jahren schrieb ich eine Suite mit dem Titel »Niembsch oder der Stillstand«. Es wäre mir nie eingefallen, diese Arbeit Roman zu nennen, denn dem erdachten und als Ziel vorgenommenen Stillstand gehen keine Kapitel, sondern Tanzschritte voraus, seien es die einer Gigue, einer Sarabande. Mit einem Rondo, einer Kreisfigur versuche ich mich erzählend auf den Stillstand vorzubereiten. Er ist, ich weiß es, ich habe es ausprobiert und erfahren, nicht möglich. In der Sprache nicht. In der Musik schon: Durch die unendliche Wiederholung, die ihren Ausgangspunkt im Wiederholen vergißt und dadurch in sich fällt und aus der Bewegung den Stillstand schafft. Oder wenigstens vortäuscht. Das war mein Wunsch, mein poetischer Traum gewesen.

Ein Traum, gefördert von der Lektüre der Briefe Lenaus und einer für mich bis heute einzigartigen Plattenaufnahme: Fritz Buschs »Giovanni«-Aufführung, 1936 in Glyndbourne. Ich habe sie, seit ich sie 1960 von einem kundigen Freund geschenkt bekam, ungezählte Male gehört. Bis sie zu einem Teil meiner lauschenden Erinnerung geworden war.

1963 schrieb ich in Berlin den »Niembsch«. Die Suite, die ich dachte und hörte, war keineswegs von Bach bestimmt, sondern von Mozart. Von immer wieder aus einem behenden, mitunter rasenden Parlando springenden Tänzen – und von Arien, von Stimmen. Hier, in dieser Musik, wird das Prinzip der Wiederholung wunderbar und schrecklich in einem exerziert. Die wiederholte Liebe, die nicht mehr vergleichende, im Wiederholen gleichgültig gewordene Unersättlichkeit. Kein Giovanni ist dem so gewachsen wie John Brownlee. Der Versuchung gewachsen und von Anfang an verloren. Wenn es ein Kunststück gibt, in der die Melancholie dem Aufbegehren die Kraft schafft, dann ist es Mozarts / da Pontes »Giovanni«.

Ich hörte, erinnerte, schrieb.

Ohne die Oper zu hören, gelang es mir nicht, Niembsch zu imaginieren. Ihn wollte ich zur Ruhe bringen, indem ich in den Abgrund Giovannis starrte. Ist die Liebe nicht immer, fragte ich mich, ein Akt inständiger Erfindung? Dieser erste Blick, der alle Schranken vergißt und ein ganzes Leben aufnimmt, der erzählt und vollendet, der anfängt und – weil er die Endlosigkeit erhofft – das Ende weiß?

Giovanni hingegen leidet unter einer erschlafften Phantasie. Weil er die Liebe nicht mehr erfinden kann, weil seine Phantasie am Immergleichen sich verschlissen hat, wiederholt er ohne Anfänge und ohne Ende. Sein Ende muß ihm als Strafe *gesetzt* werden. Oder – das ist eine waghalsige, Giovanni freilich nahe Überlegung – oder findet, erfindet er in einer letzten übermütigen Anstrengung den steinernen Gast, damit alles ein Ende finden kann? Erfindet er, weil er die Liebe nicht mehr erfinden kann, wenigstens ein grandioses und die Welt erschreckendes Finale?

Den Stillstand, die wiederholbare und in sich ruhende Musik, singt in Giovannis Geschichte ein anderer, der den Wiederholungszwang Giovannis fürchtet und verachtet, dem diese Art und Weise von Stillstand ganz fremd ist: Don Ottavio.

Mozart läßt ihn, beinahe wie ein Kind, das Zentrum der Welt singen, die Ruhe, den Frieden, den Stillstand:

> *Dalla sua pace*
> *La mia dipende;*
> *Quel che a lei piace*
> *Vita mi rende.*

Da Pontes Text löst die Melodie nur aus. Genaugenommen sucht *ein* Wort nach seiner Musik und findet sie: Pace. Die Musik vergißt die Sprache und erinnert sich an das eine Wort, löst, was es bedeutet in seiner Fülle und Geschichte, in kristallener Reinheit auf, und die Melodie fängt an, ein- und ausatmend zu kreisen: Pace.

Für das Ende meiner *Suite* suchte ich nach einer Entsprechung. Ich halbierte den abschließenden Satz, begann mit einer Burlesca und fügte eine Air hinzu. Ich erinnere mich, daß ich nun ohne »Begleitung« arbeitete, keine Musik mehr hörte, nur die Stille mich einschloß – aber mein Gedächtnis holte wie aus einer weiten Ferne das Echo von »Pace« heran. Ich schrieb:

»Er saß, ohne sich zu regen. Ging umher. Schaute nicht.
Sie brachten ihm das Essen.
Er kleidete sich an.

Der Morgen.

Der Mittag.

Der Abend.

Die Nacht.

Die Tage.

Die Jahre.

Er setzte sich ans Fenster und sah hinaus und sah nicht hinaus.

Sie fanden, daß sein Lächeln freundlich und ohne Torheit sei. Eine Erscheinung von ferner Noblesse.

Er war zärtlich zu nichts.

Seine Lippen waren feucht, als wüßten sie noch, was Sprache ist.

Er redete nicht.

Seine Blicke rührten Gegenstände und Menschen nicht an.

Sie kamen zu ihm.

Sie gingen durch ihn durch.

Sie verloren ihre Namen, ihr Wesen.

Sie waren in ihm, sind es.

Sie sind leicht.

Da und nicht da.

Stimmen und stumm.

Leicht, sehr leicht und hell.

Sie besuchten ihn.

Sie gingen wieder.

Manchmal kamen alle.

Immer wieder
und wieder,
nicht wieder.

Wieder«

Ich entsinne mich, wie mich gleich zu Beginn das vierfache A – Abend, Nacht, Tage, Jahre – entzückte, diese strahlenden Vokalscheiben, die sofort eine kreisende Ruhe herstellen; und wie zum Schluß ein Vokal sich aufrichtet, ein vierfaches I, sich entfernende leuchtende Säulen. Hat das alles mit einer poetisch-musikalischen Ästhetik zu tun? Läßt sie sich derart anschaulich machen? Ich frage rhetorisch, denn mir ist schiere Theorie offen gestanden gleichgültig.

Ich kann eine poetisch-musikalische Ästhetik nur schreibend und hörend *erfahren*. Sie realisiert sich im Werk oder im Fragment, selbst im gescheiterten Versuch.

In jedem Werk gibt es Grundthemen. Es sind nicht viele. Sie nehmen häufig Gestalt an: Der Fremde, der Wanderer. Ich projizierte sie, nachdem ich in meiner Kindheit und Jugend viel unterwegs gewesen und fremd gemacht worden war.

Diese scheinbar romantisch entrückten Figuren, der Wanderer oder der durchziehende Fremde, haben für uns epochalen Charakter angenommen. Unversehens schlägt durch die Wahrheit ihres Erscheinens die Wirklichkeit einer uns alle mitnehmenden Existenz. Die gedichtete, die gesungene Fremde, das Unterwegs in Takten und Sätzen hat uns längst erreicht.

Alles, was ich hier bedenke und erzähle – und kommt es von noch so weit her, aus dem Märchen, aus der Mythe –, hat also direkt mit uns zu tun. Ich entferne mich nicht aus unserer Gegenwart. Ich versuche zu erläutern, zu erinnern. Einholend, entwerfend, wenn es mir möglich ist. Womit ich auf eine Bemerkung Sören Kierkegaards zurückkomme, die ich meinem »Niembsch« als Motto voranstellte und die mir seither in meinem Schreiben nachhallt. Sie lautet: »Wiederholung und Erinnerung sind dieselbe Bewegung, nur in entgegengesetzter Richtung.

Denn was da erinnert wird, ist gewesen, wird nach rückwärts wiederholt, wohingegen die eigentliche Wiederholung nach vorwärts erinnert wird.«
Nach vorwärts erinnern.
So wie das fließende, springende, sich bewegende Wasser nicht zurückkehren, sich nicht zum Berg wenden kann, so bewegt sich die Erinnerung der Literatur, der Musik auf etwas zu, das noch nicht da ist: das alles aufnehmende Gedächtnis, das Weltohr.

Ehe das wandernde Wasser durch Achtel und Triolen aufgerufen wird oder durch metrisch springende Gedichtzeilen, ehe wir mit Wanderern den Flüssen, den Bächen folgen, verkörpert sich auf wunderbare Weise das Element Wasser in Zwischenwesen. Sie sind seit urdenklichen Zeiten in Legenden, in Geschichten gegenwärtig, doch erst die Romantiker ließen sich von ihrer Fremde, ihrer Rätselhaftigkeit herausfordern. Nixen, Meerjungfrauen, Wasserfrauen – Wesen aus Mythen und Märchen und doch wahr in ihrer wechselhaften Gestalt. Wahr in ihrer Sehnsucht, ihrer Ferne und ihrer Fremde. Sie, diese Zwitterwesen, machen uns klar, wie wenig wir im Grunde – welchen Doppelsinn bekommt in einem solchen Zusammenhang diese Wendung: »im Grunde« – wie wenig wir im Grunde von uns wissen und wieviel weniger noch vom anderen.
Sie kommen, sie gehen. Sie verletzen uns, und wir verlieren sie. Immer von neuem. Melusine, Undine, die Schöne Lau.
Wer ihnen lesend oder lauschend zum ersten Mal begegnet, glaubt, sie seit je zu kennen, aus welchen Träumen auch immer oder aus einem anderen Leben oder eben als Geliebte.

Bevor Melusine als Mellusigne in den Versen von Couldrette zu Beginn des 15. Jahrhunderts Literatur wird, ist sie, ich bin sicher, viele Male vielen in Gedanken und Träumen erschienen: Kindern, Prinzen, einsamen Frauen, Rittern, Mönchen und Wanderern und hat stets von denen, die sie traf, die sie berührte, gefordert, daß ihr nie nachgestellt werden dürfe, wenn sie zu einer bestimmten Zeit verschwinde in ihre für den Wartenden ungewisse, unbekannte zweite Existenz.

Thüring von Ringoltingen schrieb die erste deutsche Nacherzählung. Sie hält sich an das vorgegebene Muster, so, als schlage ein Nixenwasserzeichen durchs Papier:

Ritter Reymond begegnet Melusine, einer geheimnisvollen, schönen Frau, die ihm Glück und Reichtum verspricht, wenn er nur nicht nach ihrer Herkunft forsche, nach ihrem Wesen. Aber wie soll er sich das verbieten, wenn er sie eben wegen ihres geheimnisvollen, hellen und liquiden Wesens liebt? Muß er nicht aus Liebe schon ihrer Herkunft nachforschen? Und sie, Melusine, kann sie – Mensch und Fisch zugleich – überhaupt lieben? Und wenn, gefährdet sie sich dann nicht? Kommt sie nicht aus Liebe dem geliebten Menschen zu nahe und verliert womöglich alles? Seine Liebe und ihr Leben?

Melusine ist das Geschöpf einer tragischen Dialektik. Sie will die Liebe ihres Ritters, sie will sein Herz, aber ihr Herz, ihr Wasserherz schlägt einen anderen Takt.

Melusine verheißt Reymond ein gemeinsames Glück, solange er ihr Rätsel unberührt läßt.

Für sie bedeutet Glück eine Erlösung aus der Doppelexistenz, freilich auch die Erfahrung der Sterblichkeit. So, wie die Märchen es trügerisch versprechen, die Gedichte es beschwören und die Lieder es in Refrains wiederholen, leben sie eine Zeitlang glücklich.

Melusine bringt zehn Söhne zur Welt. Sie gleichen allesamt ihrem Vater, werden Helden, erobern Länder, heiraten und gründen Dynastien.

Der Vater jedoch setzt das gewonnene Glück aufs Spiel. Er spürt Melusine nach. Sie muß zurückkehren in ihre Welt, halb Mensch und halb Fisch, Wesen beider Sphären, vertrieben aus der einen, verloren in die andere. Im Wasser zu Haus.

Der Ritter zieht sich ins Kloster zurück.

Das ist nicht das Ende der Geschichte. Das Andenken an Melusine verwandelt sie in ein Wappenbild, Sternbild für eine Dynastie, Vorbild der Liebe – in Stein gehauen, aus Holz geschnitzt, auf edles Tuch gestickt, schützt sie, das geteilte Wesen, die Zukunft ihrer Familie, ihres Geschlechts.

Die französische Meernixe hingegen wirft einen eisigen Schatten auf alle, die ihr nachstarren. Hier leuchtet ihr Stern nicht freundlich. Sie straft nicht nur den Liebsten, der ihre Doppelnatur entdeckt, der sie als Frau und Fisch gesehen hat, mit Unheil und Elend, sondern die Kinder allesamt ebenso.

Es ist nur zu verständlich, daß die Dichter sich parteiisch machten und die armen Liebhaber, die Ritter vorausschickten, um an der Schönheit und am Geheimnis Melusines ihre Phantasie zu entzünden und die Nixe wenigstens im Märchen, im Lied zu bewahren trachteten. Und sie geben sie, neben Wasser und Land, einem weiteren Element anheim, der bewegten Luft, dem Wind, dem Sturm.

Aus der Wasserjungfrau wird die Sturmbraut. Aus der französischen Mellusigne, der deutschen Melusine, wird die böhmische Malesina: »Die Malesina war die Frau eines Ritters. Sechs Tage in der Woche hatte sie menschliche Gestalt, am siebenten aber war sie halb Mensch und halb Fisch. Diesen Tag verbrachte sie in einem Badehaus, das ihr der Mann vor der Hochzeit gebaut hatte. Der wußte von der Doppelnatur seiner Frau nichts. Durch ihr häufiges Verweilen im Bade mißtrauisch geworden, belauschte er sie eines Tages. Er wurde jedoch von der Frau bemerkt. Erschrocken stieß er einen Schrei aus; dann wurde sie von einem Sturmwinde davongetragen. Noch heute fliegt sie im Sturm umher. Wenn er recht heult, sagt man: ›Die Kinder der Malesina weinen‹ und streut einen Löffel Mehl zum Fenster hinaus, damit ihnen die Mutter einen Brei koche.«

Eigentümlich, wie Melusine hier das Element wechselt. So selbstverständlich, als wäre nur eines nicht möglich: an Land, auf der Erde zu bleiben. Aus dem Wasser erhebt sie sich in die Luft. Ihre Fremde, ihre Unerreichbarkeit bleiben gleich. Auch ihr ruhloser Schmerz, das eine nicht mehr zu haben und im andern nicht mehr ganz zu sein. *Nicht mehr ganz*: In diesem Fall ist die Sprache von anschaulicher Genauigkeit. Denn Melusine ist ja nicht ganz. Sie ist immer nur halb.

Fast stets, schon in den ersten Varianten des Stoffs, wird Untreue zum Grund des Bruchs, der Trennung. Die Untreue des Ritters, des Prinzen.

Das Doppelwesen weiß nichts von Treue, von Untreue. Es liebt wohl zum ersten Mal und ausschließlich. Und die erste Liebe Melusines wird allemal besudelt und betrogen. Sie, die halbe Menschenfrau, kennt das Böse nicht. Sie ist ein Geschöpf der Natur und nicht der Natur entfremdet wie der Mensch. Hat die Natur kein Gedächtnis? fragen sich dichtend und musizierend die Romantiker und geben sich in einem melancholisch-kunstvollen Trost die Antwort: Sie gedeiht, sie blüht, sie welkt. Sie wiederholt sich und ist darum auf Dauer gegenwärtig. Melusine verkörpert die »natürliche Gegenwart«.

Malesina und Undine vereinen sich zur Rusalka, der singenden Nixe Antonín Dvořáks, die, bräche sie nicht den Bann, gar nicht singen könnte. Auch nicht im Sopran, den, nach meinem Wissen, die Komponisten den Seefrauen ausnahmslos zumuten. Sie findet ihre Stimme erst wieder, als der Prinz, der sich in die stumme Nixe verliebt hat, ihr eine Fürstin vorzieht. Eine Menschin. Ruhlos wandert Rusalka umher. Beinahe schon getragen vom Wind wie Malesina. Der Prinz sucht nach ihr. Wie vom Wind getrieben, erscheint sie vor ihm, in einer von romantischer Musik geweiteten Aue. Der Prinz will das schöne Wesen in seine Arme reißen. Rusalka warnt ihn. Wenn er sie küsse, müsse er sterben. So will es das Märchen. Er küßt sie, haucht auf ihren kalten Nixenlippen sein Leben aus, sie wiederum atmet es ein, lebt von seiner Liebe.
Von neuem beginnt die Geschichte:
»Wald, im Hintergrund von Felsen geschlossen. In der Mitte das Becken eines verfallenen Brunnens. Im Vordergrund ein Felsensitz, von Gesträuchen umgeben.«
Das ist die Szene. Während ich die Bühnenanweisung abschreibe, fallen mir viele Brunnen ein, und ich höre eine Musik, die schon in der Klangfärbung der gedachten Gegend entspricht. Melodien, die von weither kommen, aus einer Kinderzeit, die leuchten und hallen: Hörner, Oboen, Klarinetten, Flöten vor dem Grund der Bratschen, Geigen und Celli. Ein junger Herr, der den Jagdspieß zum Wurf gehoben

hält, tritt auf, späht umher und spricht dann, wie es heißt, »gegen den Brunnen gewandt«. Nein, er singt:

»Du hohe Macht, die sich zu mir zu neigen,
Mich anzustrahlen schien mit ihrem Glanz;
Mög dir gefallen, ganz dich mir zu zeigen,
Und willst du's nicht, o so entlaß mich ganz!
Ein fremdes Streben hast du mir entglommen,
Von dunkler Ahnung hebt sich meine Brust,
Was sonst mein Glück war, ist von mir genommen.
Und dürstend lechz ich nach geträumter Lust.«

Das ist Grillparzers Sprache, die in die Musik drängt, doch, als er seine Melusine geendet hatte, noch ohne sie war.

Der Autor des »Armen Spielmann« war mit Beethoven befreundet, mit Schubert ebenso, und er hat beiden nachgerufen. Er liebte Mozart über alles, konnte sich ähnlich kundig über Musik äußern wie E. T. A. Hoffmann. Manche seiner Gedichte wurden vertont. Ich höre die quicke Vielstimmigkeit von Schuberts »Ständchen«. Und er schrieb ein Libretto: »Melusine«.

Als er die Nixe rief, ihr in Gedichten, Arien eine Stimme verlieh, hatte er eine andere Musik im Ohr, als sie später komponiert wurde. Er hörte Beethovens Musik.

Das ist eine Geschichte für sich. Ich lese sie nicht bloß als Anekdote. Sie gehört in den Zusammenhang meiner Überlegung. Sie gibt ein verblüffendes Beispiel für meine Vorstellung von Ästhetik.

»Ich habe durch die Musik die Melodie der Verse gelernt«, schrieb Grillparzer. Nur irrte er sich in der Hoffnung, daß seine Melodie von jedem seiner musizierenden Freunde freundlich aufgenommen werde.

1823 besucht der Intendant des Hoftheaters in Wien, Graf Dietrichstein, den inzwischen hochberühmten Grillparzer. Er habe nicht nur eine ehrenvolle Frage zu stellen, sondern einen großen Auftrag zu vergeben. Seit der Premiere des »Fidelio« suche Beethoven nach einem Libretto, und mit nichts, was ihm angeboten werde, sei er zufrieden. Grillparzer traue er einen Text zu, an dem sich seine Phantasie entzünden könne. Grillparzer gleichermaßen geschmeichelt wie provoziert, entschied sich für einen absolut romantischen Stoff. In wenigen Wochen schrieb er die Melusine, die Komposition vorausnehmend in dialogischen Rezitativen, in Arien, Ensembles, Chören. Aber Stoff und Form intendierten eine Musik, die mit der des späten Beethoven nichts gemein hatte.
Beethoven wagt es nicht, Grillparzer das Libretto zurückzugeben. Er bittet um Änderungen. Kurz vor seinem Tod erklärt er Grillparzer noch, die Oper sei fertig. Nicht ein Notenblatt wurde gefunden, nichts. Falls sie in seinem Kopf tönte, dann gegen den Text, unter ihn hindurch, wie ein Strom im Karst, unsichtbar, Höhlen aufreißend und von einer Melusine erzählend, deren Dämon wir nur ahnen können.

Grillparzers Melusine steigt aus dem gleichen Brunnen, der gleichen Quelle wie Tiecks oder Schwabs Doppelwesen, wie Fouqués und Hoffmanns Undine. Die Oper, der Beethoven taub lauschte, die sich vielleicht in seinen Träumen aufbaute, sprengt die romantische Landschaft Melusines, und ein pathetisches Licht läßt ein Schlachtfeld erkennen: das der großen Revolution, das des jungen Buonaparte. Er ist Beethovens Held gewesen.

Nicht Melusine und ihre kristallene, Wasser und Wind und Land verbündende Existenz. Die gehört schon der kommenden Generation, die wiederum mit dem Wasser das Wandern lernt und durch die Wasserfrauen die unauflösbare Fremde des modernen Menschen. Was Grillparzers Melusine ihrem Raimund sagt, schichtet die alte Geschichte, gibt dem Märchen eine neue Wirklichkeit. Sie »spricht zur Musik«, heißt es in der Regieanweisung.

»Hast du gehört, was jene sagten. Glaubst du's? Ich nicht. Du kannst nicht treulos sein, Raimund. Ich weiß nur wenig deine Sprache. Ich will aber doch versuchen, dir zu sagen, was ich denke. Ich habe dich an meinem Brunnen schlafend gefunden und mich dir gezeigt im Traum; du glaubtest aber deinem Traume nicht. Ein anderes Mal sahst du mich im Wasserspiegel meines Brunnens; du glaubtest aber selbst deinen Augen nicht. Seitdem versuche ich durch verschiedene Empfindungen dich hierher zu locken, bis es heute endlich ganz gelang. Raimund! Es ist uns verboten, mit Menschen Gemeinschaft zu haben; aber ich liebe dich. Liebst du mich nicht wieder, so komm nie wieder her an diesen Ort, und ich will suchen, dich zu vergessen. Liebst du mich aber – Raimund, liebst du mich? Bedenk es wohl, ehe du entscheidest! Viel wird dir gegeben, viel aber auch versagt. Freust du dich am Umgange mit deinesgleichen; in meinem Schlosse findest du deinesgleichen nicht. Lockt dich der Becher; wir keltern keine Trauben. Der Tafel Lust? Schaum ist unsre Kost. Hängst du am Wesenhaften und am Wahren?

Traum umgibt uns, die wir Träume sind. Kein Wechsel, nicht, was euch reizt, Veränderung.

Ruh und Gleichmut sprießen
In Melusinens Reich,
Und die Tage fließen,
Immerdar sich gleich.

Was sich auch gestalte,
Nie ein Vielerlei
Und allein das Alte
Ist uns ewig neu. «

In diesem knappen Text kommt vieles zusammen, widerspricht sich, bricht auf und verschließt sich gleich wieder. Allerdings hat Grillparzers Melusine bei allen Paradoxien ein Programm. Sie »lockt« durch »verschiedene Empfindungen« ihren Geliebten. Im Sinne der Romantik bedeutet das keine Telepathie, sondern es ist das Zusammenwirken von Gefühl und Kunst gemeint. Kunstvolle Emotion, die sich in Bildern ausdrückt, Bildern der Natur, aber ebenso eine Empfindung, die ihre eigene natürliche Sprache hat, die den Wind, das Wasser sprechen macht; Emotion, die den geliebten Menschen einholt und verwandelt. Und hinzu kommt das Calderonsche Wort vom Traum, der wir alle sind. »Traum umgibt uns, die wir Träume sind.« Keine Träumer. Das wäre für die Welt, die, wenn sie nach Melusines Maß, nach der Vorstellung des Doppelwesens geschaffen wäre, viel zu wenig. Die Welt ist ein Traum, und wir werden geträumt. Es fragt sich bloß: Wer träumt? Wer träumt uns? Wesen wie Melusine stellen sich diese Frage nicht. So, wie der Träumer im Traum eine Grenze seines Bewußtseins überschritten hat und die Wirklichkeit, die er verließ, in der Traumwelt neu und anders installiert, in schrecklichen oder schönen Fragmenten, in eine Ge-

genwelt mit eigenen Gesetzen, so ist der Traum beschaffen.

Grillparzer, der Romantiker, Anhänger einer kon-
servativen Utopie, hat mit Melusine eine Wort-
musik geschrieben, die Beethoven, erfüllt von einem
ganz anderen Aufbruch, der Aufklärung und Revolution noch reflektiert, nicht akzeptieren kann.

Schubert, der unermüdlich mit der Oper rang, hätte
vielleicht diese Melusine musikalisch beleben können. Aber zu der Zeit, als Beethoven sie wieder frei
gab, aus seinem Kopf entließ, war Schubert mit seinem Wanderer schon viel weiter. Er hatte die »Winterreise« begonnen.

Am Ende fand sich ein komponierender Handwer-
ker, der mit Kopf und Herz in seiner Epoche, der
späten Romantik und des Biedermeier steckte und
der Melusine musikalisch so einfärbte, wie Grillparzer es wohl auch erwartete, allerdings mit unendlich
vielen Schatten und Tiefen mehr. Konstantin Kreutzer komponierte eine *volkstümliche* »Melusine«, die
sich dem Ohr des Volkes dennoch nicht einprägte,
wie zum Beispiel seine Vertonung von Raimunds
»Verschwender«, wie sein »Hobellied« oder seine
Oper »Das Nachtlager von Granada«. Wie auch immer, Konstantin Kreutzer paßte. Er diente dem Zeit-
geist. Im Februar 1833, sechs Jahre nach Beethovens
Tod, wird seine Oper in Berlin uraufgeführt, zwei
Jahre später dirigiert Kreutzer das Werk selbst in
Wien.

Der Biedersinn hätte Melusine für immer vertreiben
können. Unsere Phantasie läßt jedoch das wunderbare, Glück versprechende und Tod bringende Doppelwesen nicht los.

In der ersten Hälfte unseres Jahrhunderts wurde die Romantik von den Surrealisten als eine Echokunst *par excellence* entdeckt, und ungezählte ihrer Motive wurden durchgespielt, zertrümmert, neu zusammengesetzt. Tieck, besonders E. T. A. Hoffmann, aber auch Schlegel wurden als Anreger verstanden.

Melusine taucht aus ihrem Brunnen wieder auf, an Rätseln und Versprechungen so reich wie ehedem.

Der Dichter, der sich ihrer nun annimmt, ist nach meinem Geschmack und tritt auf, als wolle er meine ästhetischen Überlegungen durch sein Werk und sein Leben bestätigen: Jean sans terre, Johann ohne Land – beinahe ein vertriebener König. So lernte ich den Dichter Yvan Goll lesend kennen. Geboren 1891 in St. Dié in den Vogesen. Gestorben 1950 in Paris. Verheiratet mit Claire, mit der er Gedichte und Briefe wechselte, und sie beide wechselten wiederum ihre Lieben, um doch beisammen zu bleiben.

»Durch Schicksal Jude, durch Zufall in Frankreich geboren, durch ein Stempelpapier als Deutscher bezeichnet«: Einer, der wie viele in unserem Jahrhundert, ungewollt zum Wanderer wurde und erst in dieser Existenz zu sich kam. Johann ohne Land, Jean sans terre, Landless John.

»Der Meere ohne Flut und Welle
Befuhr auf Schiffen ohne Kiel Johann Ohneland
Im Hafen ohne Stadt am Tage ohne Helle
Klopft an die Türn mit knochenloser Hand

. . .

Wer ist der Gast dem Traum und Name schanden
Der nicht geboren wird nicht sterben kann
Kein Recht hat abzureisen und zu landen
Der Gast der niemals eine Lüge sann.«

Aus der Tiefe tönt Melusines Gesang.
Jean sans terre erinnert sich an ihre die Elemente
wechselnde Gegenwart.
Welche Gegenwart?
Nicht die körperliche Präsenz. Die nicht. Es ist die
Gegenwart der Mythe. Und die wiederum hielt Johann ohne Land in ihrer alten, tradierten Wirklichkeit für verbraucht. Melusine muß sich verwandeln,
will sie wieder Melusine sein. Das ist die eine Hälfte
des Kunststücks. Die andere Hälfte behauptet beinahe das Gegenteil: Melusine bleibt immer gleich,
nur wir verändern uns ständig. Wir sind unterwegs.
Der surrealistische Poet kleidet Melusine und ihre
Equipe bei weitem wissentlicher und frevelhafter
ein, als es Grillparzer tat. Er zündet der Epoche den
Rockzipfel an. Er zaubert um Melusines willen. Er
leidet mit ihr und an ihr. Und anders als bei Grillpar-
zer erfährt keiner, der Ritter nicht und nicht die
Meerfrau, eine ewige Erhöhung, eine Himmelfahrt.
Die Herren treten im Frack auf. Die Damen im
Abendkleid. Arm und Reich halten sich auseinander.
Protz trumpft auf.
Melusine ist verheiratet mit Oleander. Die beiden
Namen fügen sich zusammen wie zu einem Som-
mergedicht. In diesem Gedicht leben sie auch glück-
lich. Die Szene wird entworfen: »Eine bescheidene
Villa an der Peripherie einer Großstadt. Geräumiges
Zimmer mit französischen Fenstern, die auf eine
Terrasse führen. Von der Terrasse aus Blick auf
einen verwunschenen Park, der von einer hohen

Mauer umgeben ist. Man sieht die uralten Bäume, einen See, eine zerfallene Mühle.« Der See im Park ist Melusines Quell.

Sie singt:

»Ich habe Veilchenwimpern,
Dotterblumen wachsen im Grund meiner Augen.
Die ganze Morgenwiese lebt in mir.
In die schäumenden Apfelbäume bin ich geklettert,
Von ihren rosa Blüten
Duftet noch meine Haut.
Den Wind hab' ich in meinem Haar gefangen,
Die Sonne wurde Glück in meinen Augen,
Ach, und alle Vogellieder
Höre ich in meinem Herzen weiterklingen.«

Melusines Lied wird vom Dichter in einer Weise formuliert, als müsse er übertreiben, als könnte es solche Lieder in Wirklichkeit nicht mehr geben.
Im Park wird gebaut. Das Reich Melusines wird von einem Palast besetzt, in den ein Graf einzieht. Vielleicht ist er Abkömmling aller jener Grafen, die Melusine, durch Verse und Musik eilend, liebte, tötete, vergaß.
Das Geweb aus Wasser, Erde und Wind zerreißend, setzt Johann ohne Land dem Märchen ein Ende.
Nicht der Liebhaber muß, wie sonst, zugrunde gehen, und Melusine zieht sich nicht in ihr ewiges Leben zurück, doppelt den Elementen anheimgegeben. Sie stirbt. Vor ihrem Tod in den Flammen des Schlosses wird ihr Nixengesang zu dem eines Kindes, eines Mädchens, zu Menschengesang. Sie liebt, obwohl Oleander ihr Glück war, nun den Grafen, der ihr den Rückweg in die Quelle verschüttete, mit dem sie in den Flammen umkommen wird. Aus dem

Elfenlied der Romantik wird ein Kinderlied, zu singen zwischen zwei Kriegen, im Wohlstand noch und
doch schon im Trümmerland:

»Ich habe Angst. Aber ich liebe die Angst!
Schon als Mädchen suchte ich immer die Angst.
Lief in den Schneewald, der tausend Arme hatte,
und auf den Sohlen des Todes hinter mir herlief.
Stand allein im brennenden Mittagsfeld,
wo der Mohn wie das Blut eines Mordes schrie.
Ich hatte Angst auf dunklen Treppen, die wie
    Skelette krachten,
Küchen, wo der Wasserhahn vor Einsamkeit
    weinte.
Ich liebe die Angst.
Ich liebe dieses Rieseln in den Knien.
Aber nichts gleicht der Angst, die du mir bereitest,
wenn du dich mir näherst.
Doch dann legst du deine Arme um meine
    Schultern
Wie eine Wappnung gegen das Unglück.«

Die Liebe, die Melusine dem Grafen erklärt, vergeht
in der endgültig aufgegebenen Wiederholung: »Ich
habe so sehr auf dich gewartet, und du kamst hun-
dertmal, ohne zu mir zu kommen.«

Ist Melusine wirklich tot? Könnte es nicht sein, daß
sie sich davongestohlen hat, weil sie unsere Zukunft
fürchtet, weil Wasser und Luft für ihre flirrende Existenz nicht mehr taugen? Weil unsere Sprache, unsere Musik sie nicht festhalten? Ist Melusine wirklich
gegangen? Aribert Reimann, der das Lied nicht auf-
gibt und schon darum Melusine zugeneigt ist, komponierte ihr 1971 eine Oper. Claus H. Henneberg

arbeitete Yvan Golls Vorlage zu einem Libretto um.

Reimanns Musik ist Jean sans terre nah, dem Wanderer.

Ich bin sicher, daß Melusine doch wiederkehrt, uns überraschend, ein Geschöpf, das uns mit den Elementen versöhnen könnte.

Eine andere Melusine weiß es. Sie liebe ich sehr. Sie hat, weil ihr Dichter dem Realismus huldigte, scheinbar ihre Doppelnatur aufgegeben. Um so mehr ruft sie sie uns mit ihrem Wesen, ihrem Handeln ins Gedächtnis. Ihr Brief, zur Seite gesprochen und vordergründig banal, wirkt wie mit Wasser geschrieben, mit dem Element ihres Ursprungs, und er spricht nixenhaft gleichmütig beides an, Tod und Leben:

»Und nun, lieber Pastor, noch einmal das eine. Morgen früh zieht das junge Paar in das alte Herrenhaus ein, meine Schwester und mein Schwager. Erinnern Sie sich bei der Gelegenheit unseres in den Weihnachtstagen geschlossenen Paktes: Es ist nicht nötig, daß die Stechline weiterleben, aber es lebe der Stechlin.«

Wenn der nicht, und Fontane wußte es, der See aller Melusinen und Undinen ist, dieser See, der zu brodeln beginnt, »wenn es weit draußen in der Welt, sei es auf Island, sei es auf Yava zu rollen und zu grollen beginnt oder gar der Aschenregen der hawaiischen Vulkane bis weit auf die Südsee hinausgetrieben wird. Dann regt sichs auch *hier*, und ein Wasserstrahl springt auf und sinkt wieder in die Tiefe... Das mit dem Wasserstrahl, das ist nur das Kleine, das beinahe Alltägliche, wenn's aber draußen was Großes gibt, wie vor hundert Jahren in Lissabonne, dann brodelt's hier nicht bloß und sprudelt und strudelt, dann steigt statt des Wasserstrahls ein roter Hahn auf und kräht laut in die Lande hinein. «

Und ihm folgen, ohne gleich gesehen und erkannt zu werden, Melusine, die Schöne Lau, Undine.

2. Vorlesung:

Undines immerwährende Wiederkehr

Undines immerwährende Wiederkehr

Nicht gleich Undine, obwohl ich sie mit Ungeduld erwarte. Aber ich habe mich noch nicht genug mit ihrem Element beschäftigt, dem Wasser. Theodor Schwenk nennt es das »sensible Chaos«. Was versteht er unter Sensibilität? Wie ist sie beschaffen? Sie eignet keinem Wesen, wird auch nicht als Energie des Verstehens aufgefaßt – die Sensibilität des Wassers ist elementar. Sie wird fühlbar, wenn sie berührt und umschließt, wenn sie abfließt und perlt, wenn sie erfrischt und kühlt. Doch gleichzeitig ist sie zu fürchten. Denn sie weicht nicht zurück – es sei denn, bewegt vom Mond, in den Gezeiten –, sie schließt ein, erstickt, nimmt ungerührt zu sich. Sie kann nicht zwischen Tod und Leben unterscheiden. Sie ist in ihrer sensiblen, doch emotionslosen Beschaffenheit dazu nicht imstande. Gleichwohl vermag das Wasser seine Sensibilität vorzuführen, indem es sich in Bewegungen ordnet: Auf einem weiten Strand beim Fortgehen Muster hinterläßt oder zwischen zwei

Felsen in einem schrecklichen Gleichmaß strudelt und einen Trichter in seine Haut zieht. Das Element kann sich auch vielfältig und nuanciert ausdrücken: Es rauscht, plätschert, wallt, es wogt, donnert, siedet, es braust, zischt, schäumt, es schießt, ergießt sich, es sprudelt, rinnt und schwillt, es tritt aus, es fließt über, es überschwemmt. Und vieles mehr.

Das Wasser ist auch ein Urelement in der Phantasie und für die Phantasie des Menschen. Von jemandem, der besonders empfindsam reagiert, wird gesagt, er habe zu nah ans Wasser gebaut. Der Mensch dämmt, zähmt das Wasser, er deicht es ein, reguliert seinen Lauf, begradigt Flüsse und Ströme, er durchschwimmt das Wasser, teilt es mit seinen Armen, durchwatet es, reitet hindurch, springt hinein, er fährt darauf mit Floß, Boot oder Schiff und, wenn er ein Wunder vollbringen darf, kann er sogar darübergehn.
Sie können sich aber auch, Narziß oder Nixe, im Wasser spiegeln, und schon die leiseste Unruh, die das sensible Element erfaßt, wird das Menschenbild zerstören.
Wasser kann Formen annehmen, Gestalt werden. In der Menschenerinnerung droht es ungebunden, die Erde erobernd als Sintflut; es wird zum Meer, zum See, zum Strom, zum Fluß, zum Bach, zum Teich, zum Tümpel, zur Pfütze, zum Brunnen, zu dem Brunnen Undines, der wiederum, die Wassergeister lassen es uns wissen, mit allen Wassern und Gewässern der Erde verbunden ist.
Das Wasser erweist sich schließlich in seinem irdisch-himmlischen Kreislauf als perpetuum mobile. Von der Sonne wird es getrunken, von den Wolken aufgenommen und abgegeben. Es verdunstet, kon-

densiert, kehrt zurück. Es ist ewig vorhanden, und es kann die Erde in Besitz nehmen.

Kein Element weiß soviel von unserem Leben wie von unserem Tod. Mit Wasser wird getauft, mit Wasser geweiht, Wasser treibt Mühlräder an, Turbinen; Wasser entfaltet die Leuchtkraft der Elektrizität. Aber das Wasser macht auch einen klaren Kopf, vor allem Hitzköpfen und Saufbolden, es löscht unseren Durst, das Wasser brodelt, dampft und gart Speisen. Es kann sich verwandeln in Schnee und Eis. Und einer kann, damit gleich zwei Redewendungen in einem Satz gerafft seien, sich über Wasser halten, ohne ein Wässerlein zu trüben.

Nun habe ich genug Wasser ausgeschüttet. Ich könnte es noch eine Weile so treiben; wir endeten dann tatsächlich im sensiblen Chaos. Auf einem Umweg kehre ich zu Undines Brunnen zurück. Ein Gedicht und einen Absatz lang will ich von meinem poetischen Umgang mit dem Wasser sprechen. 1980 schrieb ich, nach einem Besuch in Nürtingen am Neckar, der Stadt, in der ich meine Jugendjahre verbrachte, ein Gedicht, das, ohne es ausdrücklich zu erklären, ein Kindheitsbild und die Gegenwart des Alterns zusammenfaßt. Ein liquides Bild und eine Geschichte im Wasser, im Fluß (wie beziehungsreich können Wörter sein).

»Nürtingen, Neckarbrücke

Nur das Spiegelbild
im Neckar:
die Haut der Häuser,
die Wasserhaut der Häuser,
die ein Taucher
ahnungslos verletzt –

zurückgekehrt vom Grund,
treibt er
die Schwäne
ins alte Wirtshaus
und nimmt den Zeigern
an der Turmuhr
ihren Halt.«

In dem Gedicht gibt es kein Du, kein Ich. Es wird von Gedanken bewegt. Ein Blick schafft die Ansicht. Natürlich ist es mein Blick, der des Autors. Jedoch bin ich ebenso der Taucher, der das Bild stört, der aufsteigt aus dem Fluß der Kindheit, aus der Vergangenheit.
Trennt das Wasser, der Fluß Lethe, nicht das Leben vom Tod? Schenkt das Wasser, schöpft und trinkt man es, nicht Vergessen? Ich möchte mich nicht selber interpretieren. Nur gibt mir dieses Gedicht jetzt noch, nach so vielen Jahren, das Gefühl wieder, aufzutauchen.
Ist das ein Undine-Gefühl, ein Kühleborn-Schmerz? Es könnte sein.
Wie nah ist man unversehens mit einer Handvoll Versen der Wahrheit dieses Elements.

Zuerst versuche ich, Undines Geschichte in aller Kürze zu erzählen, die sich ohnehin auffächern wird in ihrer uns überlieferten poetischen Vielfalt.
Als ein »romantisches Märchen« hat Friedrich de la Motte-Fouqué, Finder und Verfasser »Undines«, sein Werk bezeichnet. Es ist mehr geworden: Ein romantisches Inbild für die weit hinter unsere Erinnerung reichende Trennung des Menschen vom Wesen – oder genauer von den Wesen – der Natur. Es ist auch eine Geschichte vom verlorenen Paradies.

Melusine, Undine sind seine Botinnen, aus Wasser gemacht. Vielleicht auch geformt aus der Sehnsucht des Menschen nach der Versöhnung mit den Elementen.

»Aber welch ein wunderliebliches Gedicht ist die Undine. Dieses Gedicht ist selbst ein Kuß; der Genius der Poesie küßte den schlafenden Frühling, und dieser schlug lächelnd die Augen auf, und alle Rosen dufteten, und die Nachtigallen sangen, das hat unser vortrefflicher Fouqué in Worte gekleidet, und er nannte es Undine.«

So enthusiastisch hat Heinrich Heine in seiner »Romantischen Schule« selten geurteilt. Mit einer Ausnahme, und auch die galt wiederum einem Dichter des Wassers: Wilhelm Müller. Der wird uns am Ende geleiten; mit seinen Bächen werden wir aus der Romantik in die Moderne gelangen.

Heine reagiert nicht nur enthusiastisch, sondern auch auffällig verschwommen und ungenau. »Es wird«, schreibt er, »Undine genannt«, das »wunderliebliche Gedicht«. Was wiederum aller Logik widerspricht. Undine hat das Gedicht ausgelöst. Es muß nicht erst nach ihr genannt werden. Undine ist das Gedicht, wie Heine anfänglich zutreffend feststellt.

Die für Heine ungewöhnliche Verworrenheit muß einen Grund haben. Ich nehme an, Undine hat ihn als Element überrumpelt, als Sensation einer Empfindung.

Ich lese Fouqué ganz anders. Mit Frühling verbindet sich mir Undine ebensowenig wie mit Nachtigallengesang. Eine andere Musik wird da laut. Die Küsse, die Undine verschenkt, schmecken nach Fremde und Tod.

Zum ersten Mal, im Laufe dieser Gedankengänge,

setze ich gegen die Musik, die sich mit Undine und Melusine verbindet, eine andere. Gegen die jubelnde, aber auch zeitgebundene Einseitigkeit Heines, Verse eines Dichters, den er noch mehr schätzte als Fouqué, als geistigen Kompagnon verstand. Ich meine die Musik Schuberts und die Dichtung Wilhelm Müllers.

»Fremd bin ich eingezogen, fremd zieh ich wieder aus.«

Ich werde nicht waghalsig, verstoße nicht einmal gegen literaturgeschichtliche Übereinkünfte, wenn ich, Undine aufrufend, den Anfang der Winterreise zitiere. Es sind genauso ihre Verse: Fremd bin ich eingezogen, fremd zieh ich wieder aus.

Fouqué, Undines poetischer Erwecker, ist noch nicht imstande, Undines Fremdheit aus ihrer Existenz zu begreifen. Er kann und will sie aus dem Märchen nicht befreien. Das Märchen ist die Welt, die er ihr schafft. Das allerdings gelingt ihm unvergleichlich. Er verwandelt nicht nur den vorgefundenen Stoff – er entdeckte Undine in den Nymphenbeschreibungen des Paracelsus –, er eignet sich ihn an, geht in ihm auf. Deshalb kann er, mit Recht, Undine für sich beanspruchen und Undine ihn. Dies ist schrecklich wahr geworden. Von den ungezählten Romanen, Stücken, von all den Erzählungen Fouqués ist nur eine übriggeblieben, bewahrt seinen Namen, rettet ihn als Poet: Undine. Ihr verdankt er, obwohl sein Märchen ein anderes und bitteres Ende schreibt, seine Unsterblichkeit.

Undines Ort ist dem Melusines gleich. Wieder öffnet sich ein romantischer Erzählraum. Die Natur wird scheinbar heimelig, die Geister halten sich noch fern und werden uns dennoch bald vertraut sein.

Der Ton macht die Musik! Die Erzählung hebt so an, als ahne sie schon die Musik, die sie aufnehmen wird. »Im Volkston«, so will sie Fouqué gelesen und verstanden wissen.

»Es mögen nun wohl schon viele hundert Jahre her sein, da gab es einmal einen alten guten Fischer, der saß eines schönen Abends vor der Tür und flickte seine Netze. Er wohnte aber in einer überaus anmutigen Gegend. Der grüne Boden, worauf seine Hütte gebaut war, streckte sich weit in einen großen Landsee hinaus, und es schien ebensowohl, die Erdzunge habe sich aus Liebe zu der bläulich klaren, wunderhellen Flut in diese hineingedrängt, als auch, das Wasser habe mit verliebten Armen nach der schönen Aue gegriffen, nach ihren hochschwankenden Gräsern und Blumen und nach dem erquicklichen Schatten ihrer Bäume. Eins ging bei dem andern zu Gaste, und eben deshalb war jegliches so schön. Von Menschen freilich war an dieser hübschen Stelle wenig oder gar nichts anzutreffen, den Fischer und seine Hausleute ausgenommen. Denn hinter der Erdzunge lag ein sehr wilder Wald, den die mehrsten Leute wegen seiner Finsternis und Unwegsamkeit wie auch wegen der wundersamen Kreaturen und Gaukeleien, die man darin antreffen sollte, allzusehr scheueten, um sich ohne Not hineinzubegeben. Der alte fromme Fischer jedoch durchschritt ihn ohne Anfechtung zu vielen Malen, wenn er die köstlichen Fische, die er auf seiner schönen Landzunge fing, nach einer großen Stadt trug, welche nicht sehr weit hinter dem großen Walde lag.«

In dem Wald, am See lebt eben jener »alte, gute Fischer« mit seiner Frau und einem geisterhaft schönen

Kind. Das wurde dem Paar gleichsam als Ersatz geschenkt, nachdem die eigene Tochter im See ertrun-
ken, am See verschwunden war. Die beiden lieben
Undine und fürchten sie, ihr unerklärbares Wesen,
ihr Kommen und Gehen, und ihre Geisternähe. Undine scheint ihnen wie ein Teil der Natur.
Fouqué läßt die Natur in seiner Geschichte mitspielen. Sie spielt wiederum den handelnden Personen
mit. Nur eine ist ausgenommen, Undine. Das Doppelwesen kennt die Gesetze der Natur und muß sich
ihnen fügen, auch wenn es, provoziert von der Menschenwelt, ausbrechen möchte.
Immer herrscht das Wasser, das verschlingende, auf-
begehrende, aufnehmende und stürmische.
Es hält auch Huldbrand, den jungen Ritter, der in der
Fischerhütte Zuflucht gesucht hat, in seinem Bann,
schließt ihn förmlich ein, nachdem er Undine ken-
nengelernt und sich in sie verschaut hat. Auch sie ist
im Nu dem jungen Mann verfallen. Ihre Erregung
überträgt sich der Natur. Sie läuft fort und bleibt
dennoch Huldbrand nah:

»Der Ritter unterbrach den Fischer, um ihn auf ein
Geräusch wie von gewaltig rauschenden Wasserflu-
ten aufmerksam zu machen, das er schon früher zwischen den Reden des Alten vernommen hatte und
das nun mit wachsendem Ungestüm vor den Hüt-
tenfenstern dahinströmte. Beide sprangen nach der
Tür. Da sahen sie draußen im jetzt aufgegangenen
Mondlicht den Bach, der aus dem Walde hervor-
rann, wild über seine Ufer hinausgerissen und Steine
und Holzstämme in reißenden Wirbeln mit sich fort-
schleudern. Der Sturm brach, wie von dem Getöse
erweckt, aus den nächtigen Gewölken, diese pfeil-
schnell über den Mond hinjagend, hervor, der See

heulte unter des Windes schlagenden Fittichen, die Bäume der Landzunge ächzten von Wurzel zu Wipfel hinauf und beugten sich wie schwindelnd über die reißenden Gewässer: – ›Undine! Um Gottes willen, Undine!‹ riefen die zwei beängstigten Männer. – Keine Antwort kam ihnen zurück, und achtlos nun jeglicher andern Erwägung, rannten sie, suchend und rufend, einer hier-, der andere dorthin, aus der Hütte fort.«

Für den Aufruhr der Elemente, die wilde Vermengung von Sturm und Wasser hat Kühleborn gesorgt, der Wassergeist, Undines Onkel, der die Fähigkeit hat, sich beliebig zu verwandeln. Ein liquider Geist in jeder Hinsicht. Eifersüchtig darauf bedacht, Undine ihrem Element zu erhalten. Diese freilich ist hurtiger als er. Eine flinke Welle, die ein tragisches Muster löschen will, eines, das ihr bekannt ist, denn es wird nicht das erste Mal gewesen sein, daß sie sich der Menschenwelt zuwandte. Das wird ihr nie gelingen. Zu Beginn allerdings fordert das Doppelwesen das Menschenglück heraus. Sie läßt sich von Huldbrand finden. Er braucht sie nicht zu überreden, mit ihm zu gehen. Sonderbar seelenlos und fischkalt nimmt sie von den lieben Pflegeeltern Abschied.

Hier breche ich meine Nacherzählung fürs erste ab.
Ohne Musik nämlich kommt Undine nicht aus.
Und da kann ich zwischen zwei Undinen wählen.
Mich einmischen, Partei ergreifen. 1816 wurde im Berliner Schauspielhaus die Zauberoper in drei Aufzügen »Undine« uraufgeführt. Ihr Komponist war der Dichter, Jurist und Musiker Ernst Theodor Amadeus Hoffmann, vierzig Jahre alt, berühmt und

berüchtigt, ein wunderbarer, allem Fremden und aller Fremde gewogener Erzähler, grundmusikalisch, Erfinder des Kapellmeisters Kreisler, und eben ernannt zum Rat am Berliner Kammergericht. Der dritte, selbstgewählte Vorname weist auf Hoffmanns grenzenlose Verehrung für Mozart hin. Und es würde nicht wundern, wäre seine Musik, seine Zauberoper dem Mozart der »Zauberflöte« verpflichtet.

Das ist sie nicht. Im Gegenteil. Hoffmann findet einen ureigenen, neuen Ton. Er komponiert die *erste* »romantische Oper«. Sechs Jahre vor Webers »Freischütz«.

Hoffmann hat Fouqué nicht lange überreden müssen, das Libretto zu schreiben. Fouqué folgt seiner Erzählung und bricht doch aus. Er dichtet zur Musik hin. Er hört. Das schadet mitunter der sprachlichen Qualität. Manche Verse geraten ihm albern und kitschig, doch zugleich entsteht eine Poesie, die porös ist, Musik hervorruft und sich ihr zugleich fügt. Hoffmann, der Komponist, reagiert ungemein empfindlich. Er ist auf Undine vorbereitet. Er, der Magier, Erfinder der Puppe Olympia und des Rats Krispel, der Begleiter des Archivarius Lindhorst, der Verehrer von Sängerinnen und Sängern, der ingeniöse Säufer, er weiß, welches Ufer er verläßt, um zu Undine zu gelangen. Er hat die Welt der Geister erkundet, so, wie er es in den »Serapionsbrüdern« schreibt:

»Ist nicht die Musik die geheimnisvolle Sprache eines fernen Geisterreiches, deren wunderbare Akzente in unserm Innern widerklingen, und ein höheres, intensiveres Leben erwecken? Alle Leidenschaften kämpfen schimmernd und glanzvoll gerüstet

miteinander, und gehen unter in einer unaussprech-
lichen Sehnsucht, die unsere Brust erfüllt. Dies ist
die unnennbare Wirkung der Instrumentalmusik.
Aber nun soll die Musik ganz ins Leben treten, sie
soll seine Erscheinungen ergreifen, und Wort und
Tat schmückend, von bestimmten Leidenschaften
und Handlungen sprechen. Kann man denn vom
Gemeinen in herrlichen Worten reden? Kann denn
die Musik etwas anderes verkünden als die Wunder
jenes Landes, von dem sie herübertönt?«

Auf diese Fragen gibt Hoffmann sich selbst die Antworten. Beide zusammen, Fragen und Antworten,
wachsen sich zu einer Art Manifest der romantischen
Musik und Poesie aus, den möglichen Entwurf einer
romantischen Ästhetik:

»Ein wahrhaft romantischer Operndichter ist nur
der geniale, begeisterte Dichter: denn nur dieser
führt die wunderbaren Geistererscheinungen ins Leben; auf seinem Fittich schwingen wir uns über die
Kluft, die uns sonst davon trennte, und einheimisch
geworden in dem fremden Lande, glauben wir an die
Wunder, die als notwendige Folgen der Einwirkun-
gen höherer Natur auf unser Sein sichtbarlich geschehen… Also, mein Freund, in der Oper soll die
Einwirkung höherer Naturen auf uns sichtbarlich
geschehen und so vor unseren Augen sich ein romantisches Sein erschließen, in dem auch die Sprache höher potenziert, oder vielmehr jenem fernen
Reich entnommen, d. h. Musik, Gesang ist, ja, wo
selbst Handlung und Situation in mächtigen Tönen
und Klängen schwebend, uns gewaltiger ergreift
und hinreißt.«

Carl Maria von Weber nahm diesen Zuruf auf. Die Unmöglichkeit des Hoffmannschen Anspruchs erkannte er allerdings nicht. Er dachte nicht so hochfahrend. Hoffmann nahm die Fremde Undines ernst. Mehr noch die Kühleborns. In seiner Oper übernimmt Kühleborn, gemeinsam mit den Wassergeistern, nicht nur die heimliche Regie, sondern auch die Stimmführung. Ihm antwortet, in der gleichen Stimmlage, im Baß, ebenbürtig der Anwalt der Menschen, der alte Fischer. Undine schwebt. Die Musik trägt sie als ein neues Element. Doch auch sie kann die von Hoffmann tief romantisch festgestellte Unvereinbarkeit von Wort und Musik nicht aufheben. Es sei denn, sie ginge in die Musik auf. Manchmal hat es den Anschein. Manchmal findet das Elementare seine Melodie – vor allem in den weiten Bögen, die Kühleborn zu singen hat.

Hoffmann möge der Welt bald wieder etwas so Gediegenes schenken wie diese Oper, wünschte Weber. Hoffmann komponierte keine Oper mehr. Nicht nur, weil er müde geworden war, die Zeit ihm fehlte – er starb sechs Jahre nach der Premiere von Undine, 1822 –, sondern weil er komponierend wie dichtend an eine Grenze geraten war. Diese Grenze zieht sich dort, wo die »unaussprechliche Sehnsucht«, die Hoffmann nennt, gegen eine sich verändernde Wirklichkeit stößt und von ihr abgestoßen wird. Dafür finden sich noch kaum Worte. Allenfalls als Märchenfiguren kostümierte Dämonen (in Hoffmanns Werk gibt es eine große Zahl) erwidern dem Nachbeben der Napoleonischen Kriege und der Französischen Revolution. Die Fremde selbst, die der romantische Mensch zwischen Aufklärung und Moderne als Wesen seiner Kunst zu fassen versucht, wird oft mit dem schönen Lied vergessen gemacht, dem Zauber Undines, der aber auf Dauer nicht zu bewahren ist, der sich schrecklich auflöst und von neuem und härter die Fremde offenbart.

Zehn Jahre, bevor Hoffmanns Undine auftrat, nahm sich eine undinische Dichterin das Leben, Karoline von Günderode. Ihrem Geliebten rief sie, ganz und gar aus undinischem Geist, zu: »Du wurdest ein Fremdling in Deiner Umgebung, als Du eine Heimat fandest in meinem Herzen.« Und ehe sie ging, sagte sie: »Die Erde ist mir Heimat nicht geworden.« Sie erstach sich am Ufer des Rheins, den Nixen nah.

Hoffmann hat, wie gesagt, mit der ersten romantischen Oper für sich auch schon die letzte geschrieben. Er ahnte den Lauf des romantischen Wassers, die Ödnis einer anderen Zeit. Seiner Kunst traute er diese Reise nicht mehr zu, die Winterreise. Ein dutzend Jahre, mehr braucht es nicht, daß sie komponiert wird. Und doch ist es fast schon eine Epoche, die Undine von dem namenlosen Wanderer trennt.

Ein von mir sehr geschätzter Musikwissenschaftler, Carl Dahlhaus, hat den Komponisten Hoffmann als *poeta minor* bezeichnet. Ich widerspreche ihm entschieden. Hoffmann war als Musiker ebenso ersten Ranges wie er es als Dichter war. Eine singuläre Figur. Vielleicht der einzige Geisterseher unter den deutschen Künstlern, erschreckend aufgeschlossen für die Grenzbezirke der Künste, ihre psychischen Wahrheiten und Wirklichkeiten, ihre elementaren Kräfte. Ein Fremder ist er geblieben, bis auf den Tag, für die Hörer, die Leser.

Der andere Musiker, der Undine für sich in Anspruch nahm, ihre Wanderseele und ihre Doppelexistenz, war Albert Lortzing. 29 Jahre nach Hoffmanns Undine, 1845, kam seine auf die Bühne. Eine andere, eine gezähmte Fremde, eine geschuppte Nixe. Welche Unterschiede in Auffassung und Verarbeitung. Lortzing schreibt das Libretto selbst. Er schreibt um. Wie, das wird ein knapper Vergleich der beiden Libretti zeigen. Lortzing hat nie vergleichen können. Er kannte Hoffmanns Oper nicht. Sie war inzwischen vergessen. Die Dämonen hatten das ihre getan: Hoffmanns Oper – im übrigen mit Kulissen, die Schinkel gebaut hatte – wurde viele Male aufgeführt, blieb im Spielplan, bis im Juli 1817 das Berliner Schauspielhaus abbrannte. Von da an interessierte sich kein Opernhaus mehr für eine Wiederaufführung. Hoffmanns Undine blieb lange Zeit verschollen. Lortzings Undine dagegen wird immer wieder gespielt. Ohne Zweifel hat daran die gefällige, oft die Banalität streifende Musik einen wesentlichen Anteil. Doch auch Lortzings handwerkliches Können. Die vier Akte (entgegen drei Akten bei Hoffmann) sind dramatisch klug aufgebaut, stets sich zum Schluß der Szenen steigernd. Die Sprache hat allerdings keine Poesie, sie poltert in Holzschuhen. Die Poesie ist für Lortzing Plunder und Zunder für die Musik, mehr nicht.

»Opernverse? Zu was sich dabei anstrengen?« fragt er sich und fährt fort: »Muß doch alles, was die Poesie ausmacht, tiefe, große Gedanken, blühende Bilder, Reinheit des Reims, Glätte und Fluß der Sprache usw. durch den Komponisten zu Asche verbrannt werden, damit der Phönix Musik daraus entstehen könne.«

Als Lortzing die Poesie zu Asche werden ließ, nahm ein anderer Komponist die Sprache in hohem Maße ernst, versuchte sie – wie weit ihm das gelang, bleibt fraglich – der Musik anzunähern: Richard Wagner. Sein »Tannhäuser« hatte im gleichen Jahr Premiere wie Lortzings Undine.

> »O wie köstlich ist das Reisen!
> Mancherlei man profitiert.
> Glücklich kann sich jeder preisen,
> dem solch Los zuteile wird.«

Das ist die Sprache Lortzings. Unter ihrem Einfluß nehmen die Arien in der »Undine« nicht selten den Charakter von Couplets an: »Vater, Mutter, Schwestern, Brüder / Hab ich auf der Welt nicht mehr...« Hier fehlt der tiefsinnige Widerstand einer dichterischen Sprache.

Und wo bleibt Undine?
So weit bin ich gewesen: Der Ritter Huldbrand findet Undine inmitten des wüsten Wassersturmes. Ehe er sie trifft, schilt Kühleborn, der mächtige Wassergeist mit ihr, warnt sie, sich in Huldbrand zu verlieben. Sie will, kann nicht hören. Huldbrand hält um Undines Hand an, obwohl er mit Berthalda, der Pflegetochter des Herzogs, verlobt ist. Er ist, was Poeten, besonders Dramatiker, schätzen, blind vor Liebe. Der Geist der Poesie fügt es zudem, daß inzwischen – der Sturm hat sich gelegt – ein frommer Pilger, Heilmann, in der Fischerhütte Zuflucht gesucht hat und sich, ohne Bedenken, bereit erklärt, der Verbindung den Segen zu geben, die beiden zu verheiraten. So machen sich Huldbrand und Undine zum Schloß auf. Dort werden sie von der herzog-

lichen Familie und Berthalda erwartet, die keineswegs aufbegehrt oder tückisch wird, sondern sich sogar mit Undine anfreundet. Wir treffen sie plaudernd an einem Nachmittag im Schloßhof, als es im Brunnen laut wird, Kühleborn sich meldet. Er verrät Undine, daß Berthalda, ihre stille Rivalin, die im See verschollene wirkliche Tochter der Fischersleute sei, deren Stelle sie, als Pflegetochter, eingenommen hatte.

Nein, aus der Kürze meiner Nacherzählung wird doch nichts. Hier muß ich mich unterbrechen. Hier schiebt sich in das Zaubermärchen ein trügerischer Wasserspiegel. Er gibt die unaustauschbare Austauschbarkeit wieder. Berthalda wird ersetzt von Undine, und Undine sticht Berthalda aus. Immer aufgrund von Liebe, und immer gefährdet durch Undines Element. Fouqué gelingt eine kleine Mythe. Es geht nicht um den Alptraum der Verwechslung, irgendeine Erlösung, sondern wir erfahren die personalisierte Grenzziehung zwischen Wasser und Erde. Die Elemente verschwistern sich aus Liebe, da aber nur eine den geliebten Menschen gewinnen kann, müssen sie sich wieder trennen. Undine, das Doppelwesen, weiß es, wenn sie es auch um der Liebe willen nicht wissen mag:

»Doch kann Undine in Liebesgluten Undine sein?
Jüngst tanzte froh sie auf den Fluten
jetzt sinkt sie ein.
Ich fühl es wohl, so muß es enden,
man hindert's nicht.«

Undine zieht an und stößt ab. Sie scheint sonderbar durchlässig für alle großen Gefühle. Doch wird sie von ihnen noch mitgenommen. Es kommt mir vor, als würde ihr strahlendes, in sich ruhendes Wesen, ein leuchtender Wasserspiegel, von einer heftigen Unruh verdunkelt und blind gemacht.

Der Mensch ist in sich eingeschlossen; die Natur dagegen voller Bewegung, in ständiger Veränderung, im Fluß.

Undine wird zur Mittlerin zwischen den Elementen. Vielleicht kann sie nur unsere Phantasie aufhalten, wieder zu verschwinden, und dann für immer. Vielleicht können wir sie im Märchen, in der Mythe erneuern. Rein, beinahe kindlich verwirklichte sich in ihr die romantische Poetologie.

Das Wechselspiel Berthalda / Undine setzt sich nun die Oper lang beziehungs- und verhängnisvoll fort. Bei einem Bankett, das der Herzog gibt, stellt ihm Undine ihre Pflegeeltern, den Fischer und seine Frau, vor und will Berthalda zugleich ihre wahren Eltern zurückgeben. Das feine Fräulein möchte aber solche schlichten Leute nicht zu Eltern haben. Berthalda springt davon, nicht in ihr Zimmer, nicht in den Park, nein, an das Ufer eines Baches. Denn das Spiegelspiel hat strenge Regeln. Als deren unerbittlicher Meister erweist sich Kühleborn. Er wird Zeuge, wie Huldbrand, der Berthalda nacheilt, ihr, wie zuvor Undine, seine Liebe erklärt und eine kostbare Kette um ihr Hälschen legt. Wo sie aber nicht lang bleibt. Eine riesige Hand fährt aus dem Wasser, reißt sie fort. Undine, die hinzugekommen ist, fleht die Wassergeister, fleht ihr Element an, das Kleinod zurückzugeben. Anstatt dessen taucht unversehens ein bildschöner junger Mann auf, der Berthalda als Ersatz eine Korallenkette anbietet. Sie weist das Geschenk zurück. Und Huldbrand, nun endgültig auf seiten Berthaldas, verflucht Undine. Wobei er das Gebot vergißt, unter dem seine Liebe zu Undine nur möglich war: Nie dürfe er seine Gemahlin über dem Wasser beleidigen. Dann werde das Wasser sie zurückholen. So geschieht's. Doch ehe sie sich ihrem Element verbindet, hinterläßt sie Huldbrand einen magischen Spruch:

> »Und findst du nur in Untreu Ruh,
> so halt der Feste Brunnen zu.
> Laß sorgsam drin vermauern
> den Siegelring von mir
> dann will ich unten trauern
> und Liebe blühe mir.«

Der treulose Ritter läßt auf den Brunnen im Hof, das abgrundtiefe Loch, in dem alle Nixengewässer der Erde zusammenfließen, einen Stein wälzen. Nun wissen wir aus vielen Märchen, wie leicht solche Steine den Emotionen weichen. Während der heiteren Hochzeitsfeier – »wir essen und trinken im Grünen / das Liedlein tändelt und lacht« – fordert Berthalda Undine heraus. Wieder möchte sie durch den Spiegel.

> »Wenn alle Freuden blühen,
> im hellen Schein,
> was muß des Brünnleins Sprühen
> gefangen sein,
> o laß ihn wieder strahlen
> im kühnen Tanz
> und Regenbogen malen
> im Sonnenglanz.«

Huldbrand zögert nicht. Er läßt in die Brunnen-
mauer ein Loch schlagen, aus dem mit Wucht Wasser quillt. Das trägt wie ein Widerschein, wie ein ent-
rücktes Spiegelbild, Undines sprechendes Gesicht.
Ohne zur Seite zu schauen, zu Berthalda hin, un-
terliegt der Ritter sofort wieder dem elementaren
Zauber:

>»O wie lieblich sie lacht.
>Nicht einen, einen Kuß.«

Und Undine antwortet ihm:

>»Ja, Lieber, weil ich muß,
>doch küß ich dich zum Sterben.«

Sie holt sich ihn, hinunter in den Brunnen, in ihr Element, in seinen kalten Tod.
Der Librettodichter Fouqué stellt dem Komponisten
Hoffmann die Aufgabe, einen versöhnten Schluß-
chor zu ersinnen, in dem die von Undine verlassenen
Menschen ihre Moral singen, zu singen haben, denn
dem Einbruch des Elementes in ihr Leben ist nur
noch die Musik gewachsen, nicht das Wort.

Lortzing ändert Fouqués Vorlage entscheidend.
Auch das Personal. Er führt zwei Dienstmänner des
Ritters ein, Hans und Veit, die zwar nicht über den
finsteren Witz von Rosenkranz und Güldenstern
verfügen, doch ebenfalls als Kommentatoren auftre-
ten. Mit ihren Couplets treiben sie von der ersten
Szene an die Handlung voran oder knoten sie. Aber
mit ihrer Naivität treiben sie dem Märchen die
Dämonen aus. Das Wasser vergißt das Elementare.
Lortzing erzählt in der Tat ein »*Haus*-Märchen«. Die

Unruhe der Romantik, ihre psychischen Brüche und Verwerfungen, ihre Aufbrüche und Ängste liegen für ihn schon zurück. Der Biedermann ist zu sich gekommen und eröffnet seine Epoche, in der sich allerdings, gegen seine Pläne und Erwartungen, wieder Schreckensgeister und Dämonen, die fiebrigen Ideen und waghalsigen Entwürfe einnisten werden. Das darf vorerst nicht sein, wird nicht wahrgenommen. Die Künste verschließen sich. Dazu werden sie heimgesucht vom Schönen, das sich mit dem Guten verwechselt. Der Ritter darf bei Lortzing nicht sterben. Ihm ist nur ein Scheintod gestattet. Entgegen aller Geisterlogik hat Kühleborn den Frieden zwischen den Liebenden und ein neues Leben zu stiften. Gerade er, der Fürst des Elements, der Wassergott, der romantische Neptun läßt sich von Milde übermannen und spricht den Ritter belebend an:

»Du freveltest an dieser reinen Unschuld
Dein Leben wurde verwirkt;
Doch schuldlos litt die Arme,
Drum möge Gnade walten!
Um ihretwillen soll dir verziehen sein.
Du bleibst fortan bei uns! Das ist deine Strafe.
Vernehmt's, ihr Seelenvollen, die ihr unsrer spottet,
So rächen sich die Seelenlosen.«

Ohne Verschattung und ohne Erinnerung an eine wesenhafte Unvereinbarkeit schafft es auch Lortzing nicht: *Seelenvolle* und *Seelenlose*! Das ist die Wirklichkeit der Mythe. Undine muß sich eine Menschenseele erobern, durch Liebe, um unter den Menschen bleiben zu können. Da aber die Seelenvollen auf merkwürdige Weise mit Eigenschaften geschlagen sind, die Seelen verletzen – Untreue, Hinterlist, Verrat –, kommen die Seelenlosen, die Reinen nie in den Besitz einer Seele. Sie bleiben Element. Selbst wenn sie als Erscheinung Erde und Wasser angehören, Mensch und Fisch sind. Undine, der ein zahmer Kühleborn die Unschuld nachrühmt, ist tatsächlich unschuldig. Sie ist nicht die Schwester des gleichfalls seelenlosen Mephisto, jenes verkehrten Genius der Klassik, sondern ein Teil der Natur: Vielfältig verletzbar, aber selber den Schmerz nicht kennend, nur als Ausdruck der Menschenseele.

Der Erzähler Fouqué findet dafür am Ende seines Märchens ein unvergeßliches Bild. Undine verläßt ihren Brunnen, kommt, verhüllt in weiße Schleier, zu ihrem Ritter aufs Schloß.

»›Sie haben den Brunnen aufgemacht‹, sagt sie leise, ›und nun bin ich hier, und nun mußt du sterben.‹ – Er fühlte in seinem stockenden Herzen, daß es auch gar nicht anders sein könne, deckte aber die Hände über die Augen und sagte: ›Mache mich nicht in meiner Todesstunde durch Schrecken toll. Wenn du ein entsetzliches Antlitz hinter dem Schleier trägst, so lüfte ihn nicht, und richte mich, ohne daß ich dich schaue.‹ – ›Ach‹, entgegnete die Wandrerin, ›willst du mich denn nicht noch ein einziges Mal sehn? Ich bin schön, wie als du auf der Seespitze um mich warbst.‹ – ›O wenn das wäre!‹ seufzte Huldbrand, ›und wenn ich sterben dürfte an einem Kusse von dir.‹ – ›Recht gern, mein Liebling‹, sagte sie. Und ihre Schleier schlug sie zurück, und himmlisch schön lächelte ihr holdes Antlitz daraus hervor. Bebend vor Liebe und Todesnähe neigte sich der Ritter ihr entgegen, sie küßte ihn mit einem himmlischen Kusse, aber sie ließ ihn nicht mehr los, sie drückte ihn inniger an sich und weinte, als wolle sie ihre Seele fortweinen. Die Tränen drangen in des Ritters Augen und wogten im lieblichen Wehe durch seine Brust, bis ihm endlich der Atem entging und er aus den schönen Armen als ein Leichnam sanft auf die Kissen des Ruhebettes zurücksank.

›Ich habe ihn totgeweint!‹ sagte sie zu einigen Dienern, die ihr im Vorzimmer begegneten, und schritt durch die Mitte der Erschreckten langsam nach dem Brunnen hinaus. «

In der Erzählung wird Huldbrand von Undine nicht auf den Grund ihres Brunnens gezogen. Er wird »beerdigt« – womit wenigstens in der ursprünglichen Fassung der Logik des Elementaren gefolgt wird, Undine und Huldbrand *bei sich* bleiben dürfen, die Fremde nicht künstlich oder kunstvoll aufgehoben wird.

Außerdem wüßte ich kaum eine inständigere Ikone für die romantische Poesie. Die Liebende, die den Geliebten totweint. Die für die Zeit der Tränen eine Menschenseele in ihrer Brust fühlt. Da schließe ich die Augen, höre schon eine andere Wassermusik: die der gefrorenen Tränen.

Nicht daß es mit Undine ein Ende hätte. Der französische Poet Jean Giraudoux hat sie in einer leichten, somnambulen Sprache animiert und ihrem Wasserwesen einen sonderbar mondänen Glanz verliehen.

Huldbrand heißt in seinem Stück, das 1939 in Paris uraufgeführt wurde, Hans.

Ich erinnere an den Hans der Melusine, an Jean sans terre, Hans ohne Land.

Giraudoux entzieht am Schluß seines Schauspiels, das Fouqués Erzählung folgt, seinen Personen spielerisch den Boden.

Hans bittet Undine, entweder zu reden oder ihn zu küssen. Sie schweigt. Ihr Schweigen trifft ihn als tödlichen Kuß.

Dann ruft sie nach Bertha. Hans sei tot. Der Satz fällt ihr wie ein Tropfen aus dem Mund und aus dem Gedächtnis. Sie verliert die Menschenliebe, indem sie sie vergißt. Indem das Elementare in ihr überhand nimmt. Indem sie zu sich zurückkehrt. Jetzt befindet sie sich am Rand zwischen Erde und Wasser, zwischen den Elementen. Es entfaltet sich ein Dialog, der eine Musik ahnen läßt, die noch niemand geschrieben hat: Ein *wesenhaftes* Gespinst.

»BERTHA: Wer ruft?

UNDINE: Hans geht es nicht gut! Hans stirbt!

DRITTE STIMME: Undine!

BERTHA: Du! Hast du ihn getötet?

UNDINE: Wen habe ich getötet?... Von wem sprichst du? Wer bist du?

BERTHA: Du kennst mich nicht mehr, Undine?

UNDINE: Sie, gnädige Frau? Wie schön Sie sind!... Wo bin ich?... Hier soll man schwimmen? Alles ist fest, oder leer... Ist das die Erde?

WASSERKÖNIG: Noch die Erde...
Nixe *nimmt Undine bei der Hand*   Verlaß sie! Schnell, Undine!

UNDINE: Ja, ich verlasse sie... Warte! Wer liegt hier? Wie ist er schön!

WASSERKÖNIG: Einer, der Hans heißt.

UNDINE: Ein schöner Name! Was hat er? Warum rührt er sich nicht?

WASSERKÖNIG: Er ist nur tot.

UNDINE: Wie er mir gefällt! Kann man ihn nicht
lebendig machen?
WASSERKÖNIG: Nein! Er kann dich auch nicht
mehr befragen.
UNDINE: Wie ist das schade! Wie hätte ich ihn ge-
liebt! *Sie läßt sich fortziehen.* «

Und noch immer und noch weiter Undine. Henze
hat sie in den Tanz geholt, und in einer zeitgenössi-
schen Reinkarnation verleiht ihr Ingeborg Bachmann eine über das Wasser tönende Frauenstimme,
Nixenstimme, in der größte Ferne und größte Nähe
zusammenkommen, um in einer neu erfahrenen
Fremde zu verschmelzen:

> »Ihr Menschen! Ihr Ungeheuer!
> Ihr Ungeheuer mit Namen Hans! Mit diesem Na-
> men, den ich nie vergessen kann.«

Sie rechnet mit den Menschen ab und rechnet zugleich auf, was sie zu Menschen macht. Sie gesteht
ihnen die rettende Gabe der Phantasie zu:

> »Ach, so gut spielen konnte niemand, ihr Unge-
> heuer! Alle Spiele habt ihr erfunden, Zahlenspiele
> und Wortspiele, Traumspiele und Liebes-
> spiele...«

Sie hätte fortfahren können: Alle, alle Spiele, von denen wir elementaren Wesen zehren und woran wir
zugrunde gehen. Aber schon ist sie unter Wasser.
Ingeborg Bachmann läßt Undine in einem tropfen-
den Parlando verschwinden:

»Beinahe verstummt,
beinahe noch
den Ruf
hörend.

Komm. Nur einmal.
Komm.«

Wer ruft wen? Ruft Undine Hans oder Hans Un-
dine?
Ist sie gegangen, für immer?
Sie wird kommen. Die Spiele brauchen sie, die Spie-
ler, Hans ohne Land. Der bodenlos gewordene
Hans. Sie wird kommen, sobald wir bereit sind, ihre
Fremde auszuhalten.

3. Vorlesung:

Wassermusik

Wassermusik

Ich erlaube mir ein biedermeierliches Intermezzo und werde mich einige Sätze lang mit Mörikes »Schöner Lau« und Kopischs »Der Nöck« beschäftigen. Allerdings drängt es mich zur größeren Wassermusik. Zwar hat das Wasserwesen Mörikes, die Schöne Lau, ihren Dämon, doch die Umgebung, der sie sich zeigt, ist ganz und gar bieder – sicher mit Absicht, denn Mörike wurde heimgesucht von Geistern und Geistlein, einer, der sich vordergründig als Biedermann präsentierte und insgeheim so heftig an der Enge litt, daß er zündelte, Brände stiftete, als junger Mann sich Fluchtorte erfand, eine Insel, die er besiedelte, wobei er die Bewohner säuberlich hierarchisch ordnete und einer Göttin unterordnete: Weyla – auch sie ein Geschöpf des Wassers. Sie ist die Entfernteste, die Fremdeste. Und alle Nixengeschichten kehren sich in ihrer Gegenwart um. Was zuvor Land gewesen ist, Huldbrands, Berthaldas Bezirk, weitet sich nun zum unendlichen Meer, Heimstatt eines ungesehenen Wasservolks; aus der wogenden Unendlichkeit hebt sich, als wäre es der Brunnen Undines, eine Insel. Auch sie Auswuchs der Phantasie, besiedelt von ihr. Kein Land auf Dauer, sondern für den Moment der Idee. Für die knappe Frist eines Kinderglücks. Nur die Göttin, die zugleich auch als »Kind« angesprochen wird – wessen Kind? das Kind der spielenden Poesie? –, hat den Anschein von Bestand, den Anschein. Die Götter sterben, wenn sie nicht mehr erzählt werden. Und Weyla braucht ihr Gedicht, um anwesend zu sein.

»Du bist Orplid, mein Land!
Das ferne leuchtet;
Vom Meere dampfet dein besonnter Strand
Den Nebel, so der Götter Wange feuchtet.

Uralte Wasser steigen
Verjüngt um deine Hüften, Kind!
Vor deiner Gottheit beugen
Sich Könige, die deine Wärter sind.«

Mit einem einzigartigen Bild gelingt es Mörike, das romantische Wasser von neuem zu wecken. Die uralten Wasser, die gedächtnislosen, verjüngen sich, indem sie die Hüften der Göttin berühren. Der Geist Undines triumphiert. Die zur Gottheit gewandelte Nixe ist von ihrer Doppelexistenz befreit. Nicht mehr dem Lande gehörig und ebensowenig dem Wasser. Beidem, das nach ihrem Willen das eine sein kann oder das andere.

Diese Regeneration, für die es in der Poesie keine Vergleiche gibt, drängt noch einmal die Wasser über die Ufer, verschwistert sie im Gedicht mit Himmel und Erde und ist den Geistern gewogen.

Hugo Wolf hat Weylas Gesang als eines der letzten seiner Mörike-Lieder vertont. Wie eine Summe. Der Gesang schafft einen weit leuchtenden Raum; ihm antwortet in Arpeggien das Klavier, sehr leise, pianissimo, ein in unserer Erinnerung immer anwesendes Meer, für Momente verjüngt.

Oder für immer? Das bleibt eine der durchaus spielerisch vorgebrachten Fragen der poetisch-musikalischen Ästhetik, am Beispiel des romantischen Wassers: Für immer?

Die Antwort kann nur sein: Solange ein Gedicht auch nur von eines Menschen Bewußtsein bewahrt, ein Lied auch nur von einer Menschenstimme gesungen und wiederholt wird, sollte uns das romantische Wasser begleiten.

Dem werde ich freilich am Ende meiner Wanderung widersprechen.

Mörikes Schöne Lau sucht, im Gegensatz zu Melusine und Undine, keinen Liebsten unter den Menschen, ist nicht darauf aus, sich durch eine Menschenseele die kalte Nixenbrust wärmen zu lassen, weiß kaum etwas von ihrer Doppelexistenz, der Macht ihres Elements, des Wassers. Mörike hat, scheint es, den magischen Glanz von Orplid vergessen, als er dieses Märchen schrieb. Das Märchen vom Stuttgarter Hutzelmännlein, in dem die, wie es heißt, »wahre und anmutige Historie von der Schönen Lau« als Episode erzählt wird. Die Arbeit entstand mühsam und umständlich und erschien ein Vierteljahrhundert nach den Orplid-Phantasien.

Der Brunnen, aus dem die Geschichte springt, hat mit einem gewöhnlichen Brunnen nichts zu tun. Es gibt ihn. Ich habe den Blautopf oft besucht, auf Schulausflügen, eher genötigt und gelangweilt, später mit dem Gedanken an Mörike und ohnehin entzückt über das Naturwunder.

Im Dormitorium, dem einstigen Schlafsaal des Klosters Blaubeuren, habe ich aus meinem Roman »Hölderlin« vorgelesen und an die Klosterschüler gedacht, die hier über Generationen gelernt haben. Es ist ein zauberischer Bezirk. Die weitläufige Klosteranlage, der große Hof, die aufsteigenden Felsen, die den Raum zur Bühne eingrenzen, das sich ums Kloster drängende Dorf und der Blautopf. Ein eingefaßter Quellteich, dessen Tiefe durch die Klarheit noch geheimnisvoller wird. Ein Spiegel mit Echo.

Eduard Mörike hat den Quell und seine Nymphe so beschrieben, als wollte er mit jedem Wort schon seinen Freund Moritz von Schwind zu Bildern ermuntern:

»Der Blautopf ist der große runde Kessel eines wundersamen Quells bei einer jähen Felsenwand gleich hinter dem Kloster. Gen Morgen sendet er ein Flüßchen aus, die Blau, welche der Donau zufällt. Dieser Teich ist einwärts wie ein tiefer Trichter, sein Wasser von Farbe ganz blau, sehr herrlich, mit Worten nicht wohl zu beschreiben; wenn man es aber schöpft, sieht es ganz hell in dem Gefäß.

Zuunterst auf dem Grund saß ehemals eine Wasserfrau mit langen, fließenden Haaren. Ihr Leib war allenthalben wie eines schönen, natürlichen Weibs, dies eine ausgenommen, daß sie zwischen den Fingern und Zehen eine Schwimmhaut hatte, blühweiß und zärter als ein Blatt von Mohn.«

Wie merkwürdig, daß bei der letzten Wasserfrau der Romantik beinahe alles verkehrt ist, vergleicht man sie mit Undine. Obwohl es die Lau gar nicht aus dem Wasser drängt, sie vielmehr sich danach sehnt, gar nichts mehr mit Menschen zu tun haben zu müssen, obwohl sie ein wasserheimisches Wesen ist, tritt sie nicht als Nixe auf. Was bedeuten da schon die zarten Restchen von Schwimmhaut. Kein schuppiger Unterleib, keine Nixenflosse. Im Grunde ist sie eine widersprüchliche Erscheinung zu ihrem Element, domestiziert fürs Haus-Märchen. Sie ist, wie es der Dichter besser weiß, von Mutterseiten halbmenschlichen Gebläts. Das schöne Geschöpf muß auch nicht nach Liebe suchen wie ihre Schwestern, denn, zur Überraschung der Leser, die ein Abenteuer erwarten, ist sie bereits vermählt mit einem alten Wassernix am Schwarzen Meer. Womit Wasseradern auf der Landkarte und unterirdisch gezogen werden, vom Blautopf im Schwabenland über die Donau bis zum Schwarzen Meer.

Der alte Nix, der König, hat seine junge Frau verbannt, weil sie nur tote Kinder zur Welt bringt, zu seinem Leidwesen, und überdies lassen bei ihm die Manneskräfte nach.

Fernab, im Blautopf, muß sie mit einer Schar entenfüßiger Mägde ihre Tage verbringen, bis sie fünfmal gelacht habe, beim fünften Male allerdings herzhaft und ohne jeden ersichtlichen Grund, der sich aber später herausstellen müsse.

Auch hier eine Formel, eine Erlösungsformel.

(Ich merke, wie umständlich ich nacherzähle, wie ich mich ironisch bemühe, die Lau aus ihrer biederen Umgebung zu lösen. Ihr den Dämon einzureden. Obwohl ich weiß, daß es nicht gehen wird.)

Die Schöne Lau wird sich, wie kann es anders sein, lachend befreien. Ihr alter Nix wird kommen, sie in sein Schloß unterm Meeresspiegel holen, für immer, sie wird Kinder gebären, wie es schon Melusine, der großen Mutter, aufgetragen war.

Das Märchen vom Blautopf zeichnet sich durch einen ungewöhnlichen, Mörike, den neurotischen Erotiker, jedoch kennzeichnenden Einfall aus: Die Schöne Lau vertraut sich Menschenfrauen an. Sie wird von ihnen behütet und geschützt. Es entsteht ein beinahe trauliches Weiberbündnis, für das die Männer, selbst der alte Nix, nur noch als Randfiguren taugen. Wenigstens zeitweilig.

Der Dichter baut für die Annäherung der Schönen Lau an die Menschenfrauen adäquate Stufen: Aus dem großen Quell Blautopf kann die Nixe sich in einen kleineren Brunnen begeben, der sich im Keller der Klosterwirtschaft befindet. Es ist ein steinerner Topf frühzeitlicher Erinnerung. Hier steigt sie splitterfasernackt auf, um Jutta, die Tochter der Gastwirtin, anzusprechen. Die wiederum saust erschreckt erst einmal davon und überläßt es der Mutter, in den Keller zu gehen und nachzuprüfen, ob es die verwirrend–unanständige Wasserfrau tatsächlich gibt. Die beiden Frauen verstehen sich sogleich, tauschen sich aus – und das heißt in diesem Fall auch, eine jede nimmt etwas vom Wesen der anderen auf. Die Wirtin kleidet die Schöne Lau ein, und von nun an gehört sie, wenn auch in ihren unsteten Gefühlen kaum begreiflich, zur Weiberwirtschaft.

Das nur bis zum fünften Lachen. Dann kehrt die Wasserfrau endgültig ins Wasser zurück. Und bleibt, wenn nicht ein anderer Dichter der Schönen Lau an irgendeinem Brunnen in der Nähe des Blautopfs sein Locklied singt, für ewig unten, unterm Spiegel.

Dennoch hat sie sich den Menschen mehr genähert als Undine oder Melusine, obwohl sie nicht einen

Gedanken lang darauf aus war, eine Menschenfrau zu werden. Die Schöne Lau bringt ein Friedensgeschenk mit, das wirkungsvoll von Betha, der Wirtin, angewendet wird, nachdem sich die Nixe singend und redend vorgestellt hat:

»Der wunderliche Gast sprach diesen Gruß:

> ›Die Wasserfrau ist kommen,
> Gekrochen und geschwommen,
> Durch Gänge steinig, wüst und kraus,
> Zur Wirtin in das Nonnenhaus.
> Sie hat sich meinethalb gebückt,
> Mein' Topf geschmückt
> Mit Früchten und mit Ranken,
> Das muß ich billig danken.‹

Sie hatte einen Kreisel aus wasserhellem Stein in ihrer Hand, den gab sie der Wirtin und sagte: ›Nehmt dieses Spielzeug, liebe Frau, zu meinem Angedenken. Ihr werdet guten Nutzen davon haben. Denn jüngsthin habe ich gehört, wie Ihr in Eurem Garten der Nachbarin klagtet, Euch sei schon auf die Kirchweih angst, wo immer die Bürger und Bauern zu Unfrieden kämen und Mord und Totschlag zu befahren sei. Derhalben, liebe Frau, wenn wieder die trunkenen Gäste bei Tanz und Zeche Streit beginnen, nehmt den Topf zur Hand, und dreht ihn vor der Tür des Saals im Öhrn, da wird man hören durch das ganze Haus ein mächtiges und herrliches Getöne, daß alle gleich die Fäuste werden sinken lassen und guter Dinge sein, denn jählings ist ein jeder nüchtern und gescheit geworden. Ist es an dem, so werfet Eure Schürze auf den Topf, da wickelt er sich alsbald ein und lieget stille.‹

So redete das Wasserweib. Frau Betha nahm vergnügt das Kleinod samt der goldenen Schnur und dem Halter von Ebenholz, rief ihre Tochter Jutta her (sie stand nur hinter dem Krautfaß an der Staffel), wies ihr die Gabe, dankte, und lud die Frau, sooft die Zeit ihr lang wär, freundlich ein zu fernerem Besuch, darauf das Weib hinabfuhr und verschwand.«

Eduard Mörike hat mit der Schönen Lau eine Idylle geschrieben. Wir wissen, er konnte anders. Nur hütete er sich, die Geister seiner Jugend zu beschwören. Die Wassergeister, die Unruhigen, die ewig Wandernden. Die Orplidischen. Er, der Alternde, war verstrickt in eine Lebenswanderung, die ihn über die Maßen anstrengte und atemlos machte. Im September 1827, zu der Zeit, als Franz Schubert sich dem namenlosen Wanderer der Winterreise näherte und zum wiederholten Mal der Spur des Wassers folgte, gelang es Mörike, in einem einzigen überraschenden und überwältigenden Bild, alle Wasserfrauen aus ihrem Märchen zu befreien, ließ sie elementar werden als Wesen und als Zeit, als ewig wiederkehrende und als befristete Gäste.

»Um Mitternacht

Gelassen stieg die Nacht ans Land,
Lehnt träumend an der Berge Wand,
Ihr Auge sieht die goldne Waage nun
Der Zeit in gleichen Schalen stille ruhn;
    Und kecker rauschen die Quellen hervor,
    Sie singen der Mutter, der Nacht, ins Ohr
       Vom Tage
    Vom heute gewesenen Tage.

Das uralt alte Schlummerlied,
Sie achtet's nicht, sie ist es müd;
Ihr klingt des Himmels Bläue süßer noch,
Der flüchtgen Stunden gleichgeschwungnes Joch.
  Doch immer behalten die Quellen das Wort,
  Es singen die Wasser im Schlafe noch fort
    Vom Tage,
  Vom heute gewesenen Tage. «

»Vom Tage, / Vom heute gewesenen Tage. «
In zwei Versen, deren Metrum, deren Melodie in
den Schlaf wiegt, wird das eben Gewesene beschwo-
ren. Das vergangene Heute. Noch im Wiegen – ich
spüre es geradezu körperlich – entfaltet sich aus dem
eben Gewesenen das immer Neue. Die Wiederholung von Tag und Nacht. Die in Wachen und Schla-
fen geteilte Zeit. Die Grenze zwischen Wasser und
Land. Und die Nacht wird als Mutter der Quellen
bezeichnet. Dies vorausgesetzt, wag' ich zu behaup-
ten, daß sie, nimmt man den waghalsigen Finder und
Erfinder mythischer Bilder, den jungen Mörike,
beim Wort, auch die Mutter aller Wasserfrauen
ist.
Dem älter gewordenen Dichter schienen diese welt-
schöpfenden Ausflüge nicht mehr geheuer gewesen
zu sein. Aber auch die Epoche, in die hinein Mörike
alterte, der kommende Realismus und ebenso die
bald auftretenden Ideologen des Frühkapitalismus –
ob Nietzsche, ob Marx, ob Wagner – begannen das
romantische Wasser nach ihrem Willen zu regulie-
ren. Die Rheintöchter können Undines Träume und
Sprache nicht mehr verstehen.

Die Schöne Lau wurde von keinem namhaften
Komponisten entdeckt. An das Quell-Lied der

Nacht wagte sich, in seinem Mörike-Rausch, Hugo Wolf, und nach Schubert holte er von neuem das Elementare in seine Kunst, fürchtete den Gesang der Sirenen nicht, ihre zerstörenden Rufe. Sie hallten nach. Der paralytische Krankheitsverlauf Hugo Wolfs erlaubte keine freundlichen Bilder mehr. Die Helligkeit, das sprühende Wasserlicht der Mörikeschen Nacht wich entsetzlich rasch Schimären. Ungetümen, wie er sie nannte. An seinen Freund, den Dirigenten Josef Schalk, schrieb er aus der niederösterreichischen Landesirrenanstalt: »Schon seit längerer Zeit höre und sehe ich nichts von der schönen Welt.« Von diesem Satz bin ich, als ich ihn das erste Mal las, eine Weile nicht mehr losgekommen. Er rührt mich nicht nur, er erklärt mir nebenbei den Künstler Hugo Wolf. In dieser traurigen Mitteilung steht das *Hören* vor dem *Sehen*, so, als könnte er die Welt erst sehen, wenn er sie gehört hat. Und weil er sie nicht mehr hörte, verlor er sie auch aus den Augen. »Um mich herum gibt es seit einiger Zeit nur noch mehr Ungetüme, die selbst den unerschrockensten Menschen außer Fassung bringen müßten.« Da spricht der Wanderer, den die Gefährten verlassen haben, die Geister, die Undinen, die wandernden Wasser. Vielleicht, sage ich mir, hat er sich in seinen letzten Tagen dort aufgehalten, wo den Wanderer der Winterreise das Wasser, der begleitende Bach unvermutet verläßt und die Welt vereist. Die Ästhetik der Wasserpoesie, der Wassermusik läßt solche waghalsigen Vermutungen zu.

Daß hier, nach der Schönen Lau und der ans Ufer tretenden Nacht, der Nöck erscheint, geschieht nicht mit der Absicht, die Dämonen mit einer Posse zu vertreiben. Der Nöck ist der Schönen Lau durchaus verwandt. Die großen Fernen und Tiefen, die Schrecken des Elementaren sind inzwischen Legende. Die Phantasie hütet sich vor den Untiefen, schätzt und schützt das häusliche Bild, die guten oder auch vielleicht ein wenig unheimlichen Geister werden gleichsam gerahmt. So bleiben sie im Bild und können nichts anrichten. Dabei haben diese Bildchen Charme und Zauber. Etymologisch gehören Neck und Nix zusammen. Ihre Sprachwurzeln haben sie in einem Wasserland, in Schweden. Wassermann und Wasserfrau. Das Grimmsche Wörterbuch führt eine Strophe Friedrich Rückerts an, in der sich alle Wechselwesen vereinen:

>>Alle Necker oder Nicker
Oder Nixen klein und groß,
Alle stammen aus des selgen
Liebesmeeres Necktarschoß.<<

Von Schweden kann, da der Poet eine andere Wörtlichkeit sucht als der Etymologe, nicht mehr die Rede sein. Von wo sie alle kommen, die Necker, Nicker und Nixen, wird genau umschrieben: Aus des Liebesmeeres Nektarschoß. Ein Quell also, ein Schoß, der feucht ist von Nektar, vom Göttertrank, vom Götterwein. Nimmt man dieses gewagte Bild ernst, müßte der Nektar ausgelegt werden als der Samen der Götter, und das Liebesmeer ist jener Ort, wo sich die Götter mit dem großen Quell vereinen. Diesem Liebesakt entspringen die Nixen und Nöcks. Wasserkinder. Halb Götter, halb Menschen. Halb irdische, halb wässrige. Nicht Fisch und nicht Mensch. Das ließe sich spielerisch fortsetzen, bis die Schuppen von den Augen fallen, das Wasser Gestalt annimmt, die Sirenen wieder zu singen beginnen oder Undine ihr Fischleben mit einer Menschentochter tauschen möchte. Die Geschichten finden kein Ende.

Ich wollte beim Nöck bleiben, aber das Wasser riß mich mit. Einige Auskünfte über seinen Schöpfer. Er war in solchen Findungen geübt. August Kopisch, zwei Jahre nach Schubert geboren, 1799, doch mit seiner Kunst Epochen entfernt von ihm, ungleich näher einem Freund Schuberts, dem Maler Moritz von Schwind, der, wie auch Kopisch, Elfen, Nöcks und Zwergen oft auf der Spur war. Berühmt wurde Kopisch mit den Heinzelmännchen von Köln. Der Anfang dieser amüsanten Verserzählung ist uns bekannt: »Wie war in Köln es doch vordem / Mit Heinzelmännchen so bequem...« Ein solches Zitat könnte Kopisch als kundigen Liebhaber des Putzigen und Possierlichen festlegen. Er war es nicht. Außerdem war das Schreiben nicht seine Profession. Er hatte Malerei studiert. Als junger Maler reiste er quer durch Europa. August von Platen gehörte ebenso zu seinen römischen Freunden wie Donizetti.

Und längst vor dem Nöck mischt er sich als Entdekker ein in die große Wasserkunst. Noch herrschen die Undinen und Melusinen. Ebenso ist schon der Winterreisen-Wanderer unterwegs. Sollte es da nicht Räume geben, die die Anwesenheit dieser Geschöpfe ahnen lassen, prachtvolle Säle unter und über dem Wasser, hinter und vor dem Spiegel? Kopisch entdeckt mit einem Freund die blaue Grotte bei Capri, 1828. Das Phantastische wird plötzlich real. Wer's nicht glaubt, kann es betrachten. Kann es mit den Geschöpfen seiner Vorstellung bevölkern. Die Sirenen, wird erzählt, spielten hier gelegentlich mit Echo, dieser bedauernswerten Nymphe, die in einen

Fels verwandelt wurde, nicht mehr singen, nicht mehr reden, sondern nur noch Klänge, Töne, Wörter zurückwerfen kann. Welch ein hintersinniges Göttergeschenk an die Musik.

In seinem Gedicht vom singenden Nöck läßt Kopisch das Echo mitspielen. Nicht auffällig, für jedes Ohr aber sanft einprägsam. Jede Strophe besteht aus drei Reimpaaren und einem sich nicht reimenden Schlußvers. Außerdem sorgen die wechselnden Hebungen für eine eigene Musik: zweimal vier, zweimal drei, zweimal zwei und am Schluß wieder vier. Sie schaffen eine tänzerische Munterkeit.

Wer das Gedicht liest, ehe er es in der Vertonung von Carl Loewe hört, kann sich so schon seine eigene Musik auf den Vers machen:

»Es tönt des Nöcken Harfenschall:
da steht der wilde Wasserfall,
umschwebt mit Schaum und Wogen
den Nöck im Regenbogen.
Die Bäume neigen
sich tief und schweigen,
und atmend horcht die Nachtigall. –

›O Nöck, was hilft das Singen dein?
Du kannst ja doch nicht selig sein!
Wie kann dein Singen taugen?‹ –
Der Nöck erhebt die Augen,
sieht an die Kleinen,
beginnt zu weinen...
und senkt sich in die Flut hinein.

Da rauscht und braust der Wasserfall,
hoch fliegt hinweg die Nachtigall,
die Bäume heben mächtig

die Häupter grün und prächtig.
O weh, es haben
die wilden Knaben
den Nöck betrübt im Wasserfall!

›Komm wieder, Nöck, du singst so schön!
Wer singt, kann in den Himmel gehn!
Du wirst mit deinem Klingen
zum Paradiese dringen!
O komm, es haben
gescherzt die Knaben:
Komm wieder, Nöck, und singe schön!‹

Da tönt des Nöcken Harfenschall,
und wieder steht der Wasserfall,
umschwebt mit Schaum und Wogen
den Nöck im Regenbogen.
Die Bäume neigen
sich tief und schweigen,
und atmend horcht die Nachtigall.

Es spielt der Nöck und singt mit Macht
vom Meer und Erd und Himmelspracht.
Mit Singen kann er lachen
und selig weinen machen! –
Der Wald erbebet,
die Sonn entschwebet...
Er singt bis in die Sternennacht!«

Zwischen der Entstehung des Nöck-Gedichtes und
der Komposition liegen mehr als dreißig Jahre. Die
urprüngliche Musik des Gedichts scheint mir ein
Zeitalter entfernt zu sein von der Musik Carl Loewes. Sie zitiert die Existenz des Nöck gleichsam.
Daß das Wasser Gestalt annehmen kann, die mit dem

Wasser wandernde Phantasie ständig die Grenzen zwischen fest und fließend überschreitet, ist schon beinahe vergessen.
Loewes Musik verläßt sich aufs Echo.

Aber ich verlasse auf meiner Gedankenwanderung jetzt die Undinen und die Nöcks und will am Beispiel von zwei Gedichten ein Gespräch wiederzugeben versuchen, andeutungsweise, ohne das die Musik und Poesie des wandernden Wassers nicht möglich wäre. Der Dialog zwischen Mensch und Element. Die konstante Auseinandersetzung zwischen fest und fließend, zwischen Halt und Auflösung. Unsere Sehnsucht, in der Weite aufzugehen. Zugleich unsere Furcht vor der Grenzenlosigkeit, der unauslotbaren Tiefe.
Das *bewegte* Wasser, der *bewegte* Wanderer.
Auf diese Spanne, diese Spannung will ich hinaus. Auf die Definition des Bewegtseins. Hier ist das Element bewegt, fließt und wogt, und dort ist der Mensch bewegt, wird gerührt und ist aufgewühlt. Sein Gemüt ist gemeint, seine Seele. Etwas Elementares?
In den Künsten drückt sich die Bewegung aus, wiederum eine Spanne oder eine Spannung wahrend, die Bewegtsein unterscheidet. In der Poesie festigt sich die Bewegung in Wörtern, Sätzen, in Bedeutung. In der Musik findet die Bewegung ihr Tempo, sie fließt, sie stockt, aber sie braucht die Bedeutung nicht als Halt. Finden Sprache und Klang, Poesie und Musik im Lied oder in der Arie zusammen, entsteht eine Art undinischer Ästhetik: Die Grenze zwischen Fließendem und Festem wird vorsätzlich verwischt. Wobei die Musik – nach unserem Verständnis die elementare der beiden Künste – auch den Unter-

schied zwischen rein und unrein kennt. Es wird von absoluter Musik gesprochen, absolute Poesie kann es nicht geben. Verbünden sich also Musik und Poesie, wird die Musik poetisch eingeschmutzt. Wir haben es mit dem Doppelwesen Lied zu tun. Mit der undinischen Kunst. Wie alles, was aus dem Widersprüchlichen existiert, zieht es uns an, beschwingt und provoziert unsere Phantasien, Wünsche – eben wie der Gesang der Sirenen. Ich wiederhole: Das Lied ist eine undinische Kunstform.

Unter diesem Gesichtspunkt will ich noch zwei Exempel der großen Wasserkunst zitieren, ehe ich mich dem Schubertschen Wanderer anschließe und die Bewegung des Wassers eine Richtung bekommt.

»Auf dem Wasser zu singen.«

Schubert hat das Gedicht 1823 vertont. Vier Jahre zuvor war der Dichter, Friedrich Leopold Graf zu Stolberg, gestorben. Er gehörte dem Hainbund in Göttingen an, einer Poetenvereinigung, zu der auch Hölty zählte, und er hat sich als Übersetzer mit einem der unsterblichen Wasserwanderer, Weltumsegler beschäftigt, mit Odysseus.

Von Stolberg hat Schubert acht Gedichte komponiert.

»Auf dem Wasser zu singen« stellt in dieser Reihe eine Ausnahme dar, auch als poetisch-musikalisches Wassergebilde. Es ist von höchster, in Wort und Musik übereinstimmender Kunst, und nicht nur das: In ihm wird das Feste fließend.

Stolberg projiziert in der ersten Strophe einen in jeder Hinsicht bewegten Bildraum. Er, der Schauende, bleibt außerhalb. Das Wasser bewegt die Wörter, die Verse, die, verschränkt, dreifach mit dem gleichen Reimwort enden: WellenKahnWellen-KahnWellenKahnWellen. Schubert nimmt in der Begleitung nicht nur die Bewegung auf. Sie weitet sich, wird flächig und ist dennoch gefaßt. Scheinbar ufert sie nicht aus, aber die Melodie drängt ins Grenzenlose. Sie nimmt das liquide Kenn- und Reizwort des Gedichtes auf: Seele. Die Seele gehört in der Vorstellungswelt der Philosophie und der Poesie zwar dem Körper, wird jedoch nicht von ihm eingeschlossen, sie fließt, sie kann die Grenzen der Körperlichkeit übertreten, sie ist nicht faßbar. Sie gleicht dem Wasser wie der Luft. Noch weniger faßbar als die Seele – auf unheimliche Weise aber zählbar – kommt und geht die Zeit, durch unser Bewußtsein hindurch, so rasch, daß die Gegenwart, wird sie gedacht, schon wieder vergangen ist. Die Zeit läßt sich überwinden. Und wohin fliegt dann die Seele mit, wenn das Ich, das in der dritten Strophe, trauernd und selbstbewußt, die Zeit dahingibt und ihr auf »höherem, strahlendem Flügel« entschwindet? Geht der Körper verloren, damit die Seele, der fließende Teil unseres Wesens, sich endgültig entgrenzt? Wie auch immer. Stolberg ist ein frommer Mann gewesen und war gewiß auf sein Seelenheil bedacht. Diese Haltung aber widerspricht allen meinen Erfahrungen, die ich bisher erzählend mit dem Wasser machte, mit dem seelenverwandten Element. Heil bedeutete eine Eingrenzung, eine Haut um die Seele. Und ein Seelenbalg bewegte nicht das große Abendbild mit Kahn:

»Mitten im Schimmer der spiegelnden Wellen
Gleitet, wie Schwäne, der wankende Kahn;
Ach, auf der Freude sanftschimmernden Wellen
Gleitet die Seele dahin wie der Kahn;
Denn von dem Himmel herab auf die Wellen
Tanzet das Abendrot rund um den Kahn.

Über den Wipfeln des westlichen Haines
Winket uns freundlich der rötliche Schein,
Unter den Zweigen des östlichen Haines
Säuselt der Kalmus im rötlichen Schein;
Freude des Himmels und Ruhe des Haines
Atmet die Seel im errötenden Schein.

Ach, es entschwindet mit tauigem Flügel
Mir auf den wiegenden Wellen die Zeit.
Morgen entschwindet mit schimmerndem Flügel
Wieder wie gestern und heute die Zeit,
Bis ich auf höherem, strahlendem Flügel
Selber entschwinde der wechselnden Zeit. «

»Mäßig geschwind« schreibt Schubert vor, und die
Sechzehntel im Klavier breiten die Bewegung aus,
die seelenvolle Unruh. Solche Aufbrüche sind in der
Wassermusik selten. Selbst bei Schubert, *dem* Musiker des Wassers, des wandernden Wassers, des Bewegtseins. Nicht Schumann und nicht Wolf haben
so viele Lieder ans Wasser und mit dem Wasser »gedichtet« wie Schubert. Es war sein Element. Darum
ahnte und fürchtete er wie kein anderer den Schrek-
ken der Bewegungslosigkeit, des Nichtbewegtseins.
Es wäre, wenn nicht das Ende des Lebens, so doch
das Ende aller Künste und der Augenblick, in dem
die Seele sich auflöst und verschwindet. In Goethes
»Meeres Stille« fand Schubert einen entsprechenden
Text:

> »Tiefe Stille herrscht im Wasser,
> Ohne Regung ruht das Meer,
> Und bekümmert sieht der Schiffer
> Glatte Fläche ringsumher.
> Keine Luft von keiner Seite!

Todesstille füchterlich!
In der ungeheuren Weite
Reget keine Welle sich.«

Schubert war siebzehn, als er sich an Goethes Gedicht wagte. An das Unbewegte, die ungeheure
Weite. Er mußte es zweimal versuchen. »Sehr langsam«, schreibt er über die Noten und nach einem
Komma »ängstlich«.
Der junge Mann ahnt, welche Wasserwege die seinen werden. Daß zwischen der fürchterlichen, doch
nur zeitweiligen Stille und dem endgültigen Abschied des Wassers ein beredtes, bewegtes Mäander
ihn, den Wanderer, aufnehmen, und das wandernde
Wasser sein Gefährte sein wird. Acht Jahre später, im
Herbst 1823, wird er aufbrechen, unendlich bewegt
und voll dunkler Lust.

4. und 5. Vorlesung:

Das wandernde Wasser

Das wandernde Wasser

Ich brauche eine Gegend, ich muß in einen Raum hineinschauen, eine Ansicht haben, um eine Aussicht zu gewinnen. Dann kann ich mit dem Müller wandern. Wie von selbst fallen mir ein paar Bäche ein, an deren Ufer ich in meiner Kindheit spielte, Forellen fing oder Krebse, unter der Anleitung des tschechischen Onkels, wahrscheinlich erzählte er mir von Rusalka, nur hab ich's nicht behalten, war mir anderes wichtiger, zum Beispiel ein Wehr zu bauen aus Bruchholz und Steinen.
Gibt es solche Bäche noch? Müssen sie immer erst aus der Erinnerung strömen, um so klar, so frisch und ungebärdig zu sein? Ich sollte versuchen, die Wandergegend zu objektivieren, denn der Bach, dem der Müller sich im genauesten und schrecklichen Wortsinn anvertraut, der Bach führt über Grenzen, wird zum Spiegel, ist auch Undines Wasser, was leicht durch Musik und Poesie zu belegen ist.

Friedrich Ratzel, ein weitberühmter Geograph, Klassiker der Erdkunde, wie er genannt wird, schrieb 1902 für die Zeitschrift »Der Globus« ein Portrait des Wassers. Der Essay ist ein Meisterstück belebender, bewegter Anschauung, und einige Passagen helfen mir, den Spielgrund zu entwerfen, die Gegend für den Wanderer, den Raum, in dem der Bach *sprechen* kann.

Ich beginne mit einem vergleichsweise trockenen Abschnitt, wobei die angesprochene Materie schnell dafür sorgen wird, daß es mit der Trockenheit ein Ende hat:

»Die Betrachtung des Wassers in der Landschaft muß von derselben geographischen Grundtatsache in der Naturgeschichte des Wassers ausgehen wie alle anderen Betrachtungen dieses Elementes, seien sie nun physikalischer, biogeographischer oder anthropogeographischer Natur: von dem großen Übergewicht des Wassers auf der Erdoberfläche. Kommt doch landschaftlich die oft genannte Verhältniszahl des Wassers zum Lande 7 : 3 allverbreitet in der Weite der reinen Wasserhorizonte und in der Allgegenwart des Wassers in irgend einer Form zwischen Quelle und Meer zur Geltung. Nur die Wüsten machen davon eine Ausnahme, und das sind doch immer nur beschränkte Gebiete. Aber auch sie haben ihre Oasen, ihre Sturzregen, ihre vorübergehenden Regenbäche, und vor allem in ihren Bodenformen die Zeugnisse, daß auch über ihnen einst das Wasser reichlicher floß und stand. Was bedeuten die Gebiete, die heute wasserlos sind, gegen die Wassermassen der Meere, der Ströme, Seen, Sümpfe und Moore und gegen die Häufigkeit der Quellen und Wasserfäden jeder Größe in den tropischen und gemäßigten Zonen? Wir lassen dabei, als landschaftlich anders wirkend, sowohl das Wasser in Wolkenform, als auch das feste Wasser der Gletscher, Firne, Eismeere außer Betracht. Die Verbreitung des flüssigen Wassers genügt, um die Tatsache zu erklären, daß wir uns eine Landschaft ohne Wasser schwer vorstellen können, wie denn Landschaftsbilder ohne Wasser in irgend einer Form immer selten waren, wiewohl die Seemalerei erst spät aufgekommen ist. In der oft gehörten Bemerkung: Diese Landschaft wäre schöner, wenn sie mehr Wasser hätte, spricht sich die Gewöhnung des Bewohners unserer Zone an Wasserflächen oder Wasseradern aus.

Das Wasser wird durch die Schwere an die Erde niedergezogen und festgehalten; aber seine Beweglichkeit verleiht ihm die Gabe, überall Eins zu sein und als Eins das Feste mannigfaltig zu zerteilen. Daher überall zusammenhängende Flächen und Fäden dieses beweglichen Elementes. Auf der einen Seite vergleichen wir das Wasser mit der Luft. Wie aber das Reich des Wassers ganz anders durch die Schwere gefesselt ist als das Reich der Luft, das empfinden wir so recht, wenn wir über der großen, immer gleichen Horizontale eines Meeres oder eines weiten Sees die Wolken schräg ansteigen oder sich herabsenken sehen, wie es Böcklin in der Frau am Meer in der Schackschen Galerie gemalt hat: bräunlich violette, lange Wolkenstreifen der späten Dämmerung, die schräg durch den Himmel ziehen, unter dem die Linie des Meeres streng waagerecht das Bild teilt. Auch das flüssige Wasser fällt in mancherlei Neigungen oder ›Gefällen‹; aber es erhebt sich über die Grundfläche, die ihm die Schwere vorschreibt, nur vorübergehend in Sprudeln und Geiserquellen und ganz leis in Quellen oder in emporgedrängten Wellen beim Fließen. Deshalb berührt es uns fremdartig, wenn wir beim Blick von der Seite über eine ebene Bergwiese die Wellen des angeschwollenen Baches, den wir nicht sehen, sich rasch über die Halme und Blumen des Ufers erheben und wieder versinken sehen.

Im allgemeinen ist die Neigung des Wassers, horizontale Oberflächen zu bilden, eine seiner wichtigsten Eigenschaften in landschaftlicher Beziehung. Gerade sie tritt mit der Größe der Wasserflächen in die wirksamste Verbindung, indem sie die endlosen Horizonte des Meeres oder der großen Seen hervorbringt.«

Soweit ein Zeugnis sinnlicher Wissenschaft. Zugleich die Beschreibung eines möglichen Raumes. Doch Ratzel geht weiter. Er springt mir in meinem Entwurf einer musikalisch-poetischen Ästhetik des Wassers mit Verve und geschärftem Gehör bei. Ich kenne keine vergleichbare Darstellung der Ausdrucksweisen, der Sprache des Wassers. So eingestimmt, fällt es leichter, dem Bach, der Musik des Baches zu lauschen, diesem ausdauernden Weggefährten des Müllers. Ratzel leitet seine Gedanken über die Wassersprache mit einer sonderbaren Wendung ein. Er schreibt: »Eine große Aufgabe des Wassers liegt in seinen *Tönen*.« Als sei, nach einem die Welt zusammenhaltenden Plan, das Wesen des Wassers auch eingesetzt, um zu tönen, als sei es seine Aufgabe, mit seiner Sprache der allem vorangegangenen und alle erwartenden Stille zu entgegnen.

»Eine große Aufgabe des Wassers liegt in seinen *Tönen*. In der ganzen unorganischen Natur ist nur das flüssige Wasser in reichem Maße sprachbegabt. Der

Sturm heult immer dasselbe Lied, der Sand soll zu-
weilen tönen, Lawinen und Gletscherspalten hört
man im Hochgebirge donnern und knattern. Es gibt
aber zwischen dem Brüllen der Brandung und dem
Aufwallen der Quellen, das man kaum hört, eine un-
geheuer reiche Tonleiter. Darin findet unter ande-
rem auch der Donner des Niagara, das Prasseln eines
Hagelwetters und das Regengeflüster in einem som-
merlich dichten Laubdach Platz. Der rhythmische
Laut fallender Regentropfen hat ebensowohl etwas
von Musik wie das in ganz regelmäßigen Zwischen-
räumen geschehende Aufwallen einer starken Quelle
oder der Laut der Brandung, der im ganzen wie
Sturm braust, aus dem man wie Windstöße das Zer-
schellen der höchsten Wellen heraushört. Aber bei
dem Fallen der Tropfen von den Stalaktiten in einer
Kalksteinhöhle, dessen Pausen uns endlos dünken,
glaubt man das Ticken der mit tausendmal so viel
Zeit arbeitenden Uhr der Erdgeschichte zu vernehmen.

Man kann die Landschaften in zwei Teile teilen: In
dem einen ist das Wasser hörbar, in dem andern geht
es still dahin. Schon wer vom Flachland nach Harz-
burg kommt, empfindet die Poesie des rauschenden
Wassers. Die Gespräche, die ein Alpenbach, mit dem
wir wandern, gleichsam mit sich selbst führt, die
Antwort des stillen Sees auf den Wind, der ihn bewegt, haben ihren großen, wenn auch vielfach unbe-
wußten Anteil am Reiz der Alpenlandschaft. Ein
mächtiger Eindruck liegt aber vor allem darin, daß,
je höher wir an einem Küstenabhang steigen, desto
stiller das Meer, desto weiter der Gesichtskreis und
desto größer die Einsamkeit wird. Es ist wie ein
schrittweises Tauschen einer Welt um die andere,
einer lauten um eine stillere Welt, wobei sich ganz

unmerklich unsere Seele, die hinausgerufen war, in ihre eigene Stille wieder zurückzieht.«

Der Bach, den Schubert hört, kommt von weit her. Er entspringt – in der Poesie ist alles möglich – in einem Berliner Salon. In eine Gesellschaft, in deren Mittelpunkt der Maler Wilhelm Hensel, der spätere Mann von Fanny Mendelssohn, und seine Schwester Luise standen, kam als Neuling der junge Dichter Wilhelm Müller aus Dessau. Er studierte an der Berliner Universität, hatte hochfliegende Pläne. Und er verliebte sich in Luise, die allerdings nicht nur von ihm angeschwärmt wurde. Um die schönen Spannungen sichtbar und fühlbar zu machen, erdachten sich die jungen Leute Spiele, poetisch-musikalische Spiele. Eines davon hieß »Rose, die Müllerin«. Es war Luise zugedacht.

Zwei, ein Jäger und ein Müller, werben um die Liebe einer Müllerin. Gedichte, Lieder verknoten die Handlung und führen sie weiter. Wer anders konnte sie schreiben als der junge Poet aus Dessau, der zugleich auch den Müller spielen wird. Er hat sich schon mit Gedichten ausgewiesen, die den volkstümlichen Ton treffen, wie ihn Achim von Arnim und Clemens von Brentano mit »Des Knaben Wunderhorn« beinahe zur Mode gemacht haben, so wie ihn Heinrich Heine etwas später an Müllers Gedichten rühmen wird.

Es ist eine alte Geschichte. Daß in ihr ein Gran bitterer Wahrheit steckt, macht sie noch stichhaltiger. Der Müller Müller wird allerdings von Luise Hensel, der frommen Dichterin von »Müde bin ich, geh zur Ruh«, nicht erhört. Sie ist siebzehn. Ein Jahr später wird sie als Erzieherin nach München gehen, zwei Jahre später wird sie zum Katholizismus konvertieren, und noch ein paar Jahre später wird sie Clemens von Brentano in seinem strengen katholischen Glauben bestärken. Müller ist zweiundzwanzig, hat als Gardejäger an den Befreiungskriegen gegen Napoleon teilgenommen und wird ein Jahr später sich schon in Rom aufhalten, Römerinnen und Römer beobachten und beneiden. Die Schwärmerei, die Luise und Wilhelm verbindet, ist von kurzer Dauer. Doch welche Folgen hat sie für die Kunst.

Im Winter 1816 sind die jungen Herrschaften so weit, einem Freundeskreis das Singspiel »Rose, die Müllerin« vorzuführen. Die Gedichte schrieb keineswegs allein Wilhelm Müller, auch andere aus dem Kreis trugen ihre poetischen Einfälle bei. Die Musik komponierte Ludwig Berger, der, entzückt von der selbstverständlichen, ohne Künstelei auskommenden Poesie Müllers, ihn anspornte, den Zyklus zu beenden. 1820 erschien er dann unter dem Titel »Die schöne Müllerin« in der Sammlung »Sieben und siebzig Gedichte aus den hinterlassenen Papieren eines reisenden Waldhornisten«.

Durch dreiundzwanzig Gedichte wandern der Müller und der Bach. Zwanzig hat Franz Schubert vertont.

Als Müller die Gedichte herausgab, war er bereits in seine Geburtsstadt Dessau zurückgekehrt, hatte geheiratet, arbeitete als Bibliothekar und Lehrer – und schrieb *Lieder*. Er bezeichnete seine Gedichte ausdrücklich als *Lieder*, also als Poesie, die ihre Musik mitbringt oder auf sie wartet, die gesungen werden will. Diese Musikalisierung des Gedichts war zu Müllers Zeit Mode. »Das Buch der Lieder« – Heinrich Heine, der mit diesem Titel die Musik, die Musiker förmlich rief (damit ja auch Erfolg hatte), schrieb an Müller: »...ich glaube erst in Ihren Liedern den reinen Klang und die wahre Einfachheit, wonach ich immer strebte, gefunden zu haben. Es drängt mich, Ihnen zu sagen, daß ich keinen Liederdichter außer Goethe so sehr liebe wie Sie.« *Lieder*dichter schreibt Heine, als wäre der unter den Dichtern eine besondere Spezies. Das meint er auch. Allerdings hat er sie nie genau definiert.

Ein Gedicht, das als Lied gelesen, gehört werden kann, muß in höchstem Maße ungekünstelt, natürlich sein und zugleich in seiner Wortfolge, in seinem Zeilenfall an etwas erinnern, das schon lange da gewesen ist, eine Erfahrung, eine Melodie, eine Weise, uns seit je vertraut. So könnte auch das Volkslied erklärt werden. Genau das gelingt Müller. Genau das rühmt Heine, denn er hört auch die Brüche, hört eine neue, sehr unromantische Sprache, eine Stimme, die lieb gewordene, von der Romantik stereotyp gepflegte Bilder mit einer rauhen, leisen Ironie aufnimmt, die wissentlich den Müller voran und hinaus treibt aus der Welt der leichten Spiele und des schönen Scheins.

Als sie miteinander spielten, der Jäger, der Müller und die Müllerin, sich voreinander verbeugten, sich vorsichtig annäherten und wieder entfernten, charmierten und scharwenzelten, hat der junge Poet offenbar noch ganz aus dem Gefühl der Stunde gedacht und gedichtet. Wann änderte sich der Ton? Nach den Erlebnissen in Rom? Nach der ihn deprimierenden Heimkehr nach Dessau? Wann beginnen sich durch die Wörter und Bilder Sprünge zu ziehen?

Und der Bach? Woher kommt er? Sicher sprudelt er erst einmal als gängiges romantisches Leitmotiv. Er wird gewissermaßen zitiert, wie auch sein Plätschern, sein Fließen. »Vom Wasser haben wir's gelernt«, sagt der Dichter, seinen Müller auf die Wan-

derung schickend, in die Runde. Und die Gesellschaft nickt beifällig.

Das Wandern. Das wandernde Wasser. Noch ver-
stört es nicht, noch hat es nicht zu reden begonnen,
seine Rolle als Reisegefährte übernommen. Wie
treffend ist das gedichtet, wie volksnah, werden die
Damen und Herren in der Berliner Runde empfun-
den und beteuert haben. Müller hat, das läßt sich an
den Einzelveröffentlichungen der Gedichte feststel-
len, bis zur Herausgabe 1820 viel gearbeitet, geän-
dert, verbessert, vor allem dort, wo das Wasser zu
glatt dahinfließt. Dennoch hätten die Freunde Müllers schon in Berlin irritiert sein können, ohne den
Fortgang der Gedichte im einzelnen zu kennen. Was
ist das für ein Beginn, strahlend, in seinem Auf-
trumpfen dabei eigentümlich verzagt. Da macht sich
einer Mut, indem er, was er lebt und leidet – eine
Wanderung ohne absehbares Ende – als Lust bezeichnet. Zweifach und wiederholt: Das Wandern!
Das Wandern! Es ist die Weise des Gedichts, des
Lieds. Der Wanderer gibt sich Schwung. Noch fehlt
dem Lied aber die Musik, die es nicht unbedingt besser, auf alle Fälle anders weiß.

Wo Franz Schubert die Müllersche Gedichtsamm-
lung fand, bei wem, ist nicht sicher und auch nicht
von Bedeutung, da er sich in Sachen Poesie wie ein
Wilderer verhielt. Was ihn gerade ansprach, nahm er
auf und mit.

Am 30. November 1823 – also drei Jahre nach dem
Erscheinen des Bändchens vom reisenden Waldhornisten – meldete er seinem Freund Franz von Schober: »Ich habe seit der Oper nichts componirt, als
ein paar Müllerlieder. Die Müllerlieder werden in
4 Heften erscheinen, mit Vignetten von Schwind. –
Übrigens hoffe ich meine Gesundheit wieder zu er-

ringen, und dieses wiedergefundene Gut wird mich so manches Leiden vergessen machen.«

Die Wanderung führt Schubert also aus einer Krise, einer verheerenden Erfahrung hinaus. Er hatte sich die Syphilis geholt, Stadtwanderer, der er war, und länger als ein halbes Jahr nahm ihm die Krankheit und die Behandlung (mit Quecksilber) jede Laune zu »dichten«. Die Oper, »Fierabras«, hatte er gegen Schwächen, Verzweiflungen und Todeswünschen zu Ende gebracht. Aufgeführt wurde sie erst 1897 in Karlsruhe unter Felix Mottl. Wie so oft hat Schubert für sich allein gehört, was die andern erst viel später hören werden.

Er muß, als die Gedichte Müllers ihm in die Hand fielen, sofort reagiert haben: auf die Botschaft des wandernden Wassers. Er hörte es sprechen. Der wandernde Müller, dessen Vorgeschichte im Salon er nicht kannte, lief ihm voraus. Das Wandern! Das Wandern! Die Achtel drängen.

Ich habe nicht vor, hier über Verletzungen zu spekulieren. Schubert hatte Umgang mit reizenden jungen Frauen, wie den Schwestern Fröhlich, er ging auch zu Prostituierten. Auf die Liebe, die er suchte, bekam er offenbar immer die falschen Antworten. Ich sehe ihn, wie gesagt, als Stadtwanderer, als eine durchaus moderne Erscheinung. Frei – und doch abhängig von den Launen, Erwartungen und Forderungen seines bürgerlichen Publikums. Er posiert, wenn er sich verstecken will. Daß er seit dem ersten Lied der »Schönen Müllerin« unterwegs und nicht mehr aufzuhalten ist, spüren die Freunde, Schober, Schwind und Spaun.

Das undinische Element nimmt ihn mit.

Ein Zwiegespräch beginnt, das in der Wasser-Kunst einzigartig bleibt. In keiner Nixe, keinem Nöck verkörpert sich das Element. Es spricht nicht nur für sich, wie es – ich denke an Ratzels Beschreibung – das Element üblicherweise tut, sondern es wendet sich an den ratlosen, rastlosen Wanderer, den Müller. Es begleitet ihn *beredt*.

Was für eine Gelegenheit für Schubert, seine musikalische Beredtsamkeit zu demonstrieren.

Der Müller ist unterwegs, aufgebrochen von dem einen Arbeitsort, auf dem Weg zu einem neuen. Merkwürdig, daß ich an seine Arbeit kaum denke, wenn ich ihm lauschend, mit mir selber redend, folge. Selbst die Liebe, die ihn hinreißt, außer sich sein läßt, ereignet sich sonderbar einstimmig. Die Geliebte spricht ihn nie an. Als mir das klar wurde, erschrak ich über die schaurige Verdoppelung von Einsamkeit und Fremde.

Soweit sind wir noch nicht.

»Wohin?« fragt der Titel des zweiten Lieds. Hinunter und immer weiter. Das Tempo könnte sich beschleunigen, doch es geht nur weiter, setzt, gemächlicher, fort, was im ersten Lied die drängende Rede des wandernden Wassers gewesen ist: der 2/4-Takt mit Achtelbewegungen. Unauffällig, ohne dramatische Geste beginnt in diesem Lied das Gespräch zwischen Wanderer und Bach.

»Ich hört ein Bächlein rauschen.« Noch geht der Müller für sich, lauschend, aber nicht angesprochen. Oder doch? Er folgt dem Bach: Hinunter! Dieses Hinunter hat etwas von einem Sturz. Es tönt den Schluß der Wanderung voraus. Hinunter! Im Gehen erklärt sich der Wanderer das Rauschen, das er noch nicht als Sprache versteht. Er ist nahe daran:

>»Was sag ich denn vom Rauschen?
>Das kann kein Rauschen sein:

Es singen wohl die Nixen
Tief unten ihren Reihn. «

Schubert hat hier im Gedicht Müllers eine wahrhaft tiefsinnige Veränderung vorgenommen. Müller schrieb: »*Dort* unten ihren Reihn«. Schubert änderte in: » *Tief* unten«. Womit er leitmotivisch auf das Ende des Wanderers weist, aber auch, traumwandlerisch, auf das »hinunter« reagiert.

Mich, das werden Sie verstehen, kann diese Strophe nur entzücken, weil sie meinen Wanderweg bestätigt. Das Undinische der Müllerschen Poesie und der Schubertschen Musik wird in einem Aufblitzen des wandernden Wassers, einem andern Tonfall offenbart. Tief unten: die Nixen. Ihr Gesang freilich ist nur flüchtig – und darum um so lockender – zu vernehmen. Von nun an spricht der Bach und gleich als energischer Gefährte. Er verbietet dem Müller, den Lockrufen der Nixen nachzugeben. Ihm ist ein anderer Weg vorgeschrieben. Die Zeit der Undinen und Melusinen ist vorüber. Die Nixen erscheinen als ein entferntes Erinnerungsbild.

»Laß singen, Gesell, laß rauschen
Und wandre fröhlich nach.
Es gehn ja Mühlenräder
In jedem klaren Bach. «

Wir Leser und Hörer können zurück und voraus denken. Wir wissen mehr als der Wanderer. Nicht mehr als der Bach. Diese Überlegenheit läßt uns auch wissen, in einer hurtigen Bewegung: »Und wandre fröhlich *nach*«. Das ist kein freundliches Wasser. In diesem *fröhlich* tönt eine wellenspringende Abgründigkeit.

Ehe der Wanderer, der weiße Müllerbursch, seiner Müllerin begegnet, ehe ihm ein hallendes »Halt!« in den Weg springt, halte ich kurz inne, um mich noch einmal des Themas zu versichern.

Ich werde nicht die Müllergeschichte in ihren Einzelheiten nacherzählen und kommentieren. Das hätte zwar durchaus Reiz, nur geht es mir um die undinische Erfahrung, das Zwiegespräch des Wanderers, des ungeliebten Liebenden, mit dem wandernden, ihn begleitenden, leitenden Wasser. Dabei fällt mir eine Anekdote ein, die dem Märchencharakter meiner Figuren ebenso entspricht wie ihrer für uns so nahegehenden Zeichenhaftigkeit: Als Franz Schubert mit zehn Jahren zur Prüfung als Sängerknabe ans Wiener Konvikt bestellt war, trug er einen weißen Anzug, den ihm seine Mutter genäht hatte. Den Tag nach der Prüfung ging durch Wien das Gerücht, der Sohn eines reichen Müllers habe die Prüfung bestanden.

Da wird der weiße Müller zu einem kapriziösen, beinahe verrückten Vorgriff.

Im dritten Lied – »Halt!« – beginnt die Klavierbegleitung, die bisher den Wanderer vorantrieb, Pirouetten zu drehen, zu kreiseln. Der Sänger wiederum stürzt sich in eine enthusiastische Melodie. Der Bach wird beinahe unsichtbar in seiner dienenden Funktion, die Mühlräder zu treiben. Ein mögliches Zuhause öffnet sich. »Eine Mühle seh ich blinken / Aus den Erlen heraus.« Der Wanderer versetzt sich in Hochstimmung, begrüßt sich gleichsam selbst. In dem idyllischen Bild scheint sogar die Sonne heller: »Und die Sonne, wie helle / Vom Himmel sie scheint.« Ist das schöne Bild ein Trugbild? Noch gesehen, noch gesungen, wird es durchscheinend. Endlich traut sich der Wanderer, das Gespräch mit dem Bach wieder aufzunehmen, mit einer alle Hoffnung in Zweifel setzenden Frage: »Ei Bächlein, liebes Bächlein, / War es also gemeint?« Schuberts Musik nimmt die Frage in den Rhythmus eines Wiegenliedes auf, und das wird immer wieder, flüchtig oder nachdrücklich zu hören sein, bis zum letzten Lied.

Zwischen dem dritten und vierten Lied gibt es die einzige direkte wörtliche Verbindung in dem Zyklus. Der Wanderer dankt dem Bach. Er habe ihn zur Müllerin geführt. Seine Danksagung hebt jedoch an mit der Wiederholung der Frage, die das vorausgehende Lied schloß: »War es also gemeint / Mein rauschender Freund?«

In der Wiederholung hört sich diese Frage noch irrwitziger an. Sie hebt, was der Wanderer erhofft, wozu ihn der Bach geführt hat – eine Station der Liebe –, schon wieder auf. Zweifelt der Wanderer an sich oder an dem Geleit seines rauschenden Freunds? Führt der Bach ihn absichtlich in die Irre? Das wohl nicht.

Schubert hat die Frage in eine wunderbar fließend klagende Figur umgesetzt. Sie verbündet den Wanderer und das Wasser. »Ist es also gemeint?« umschreibt bitter die Beziehung des Wanderers zu anderen Menschen, zur Liebe. Sie beschreibt sein Mißtrauen, die ihm allmählich eingewachsene Fremde und sein Vertrauen zum Element, zur Natur. Da kennt er sich aus. Dem Bach folgt er. Menschen begegnet er mit Vorsicht und Furcht. Obwohl ihn, liebt er, wie jetzt, das Glück überwältigt und alles, was vorausging, was er erfahren und erlitten hat, vergessen macht. Immer von neuem rührt mich, wie er in seinem liebenden Ungestüm die Kraft des Bächleins haben möchte, um die Müllerin auf sich aufmerksam zu machen:

»Hätt ich tausend Arme zu rühren!
Könnt ich brausend die Räder führen!
Könnt ich wehen durch alle Haine!
Könnt ich drehen alle Steine!
Daß die schöne Müllerin
Merkte meinen treuen Sinn.«

In der Begleitung läßt Schubert nicht nur den Bach strudeln, fließen, springen: An die Stelle der Wassermusik tritt das Pochen eines Herzens. Wie heißt es poetisch? Es schlägt hoch. Schuberts Musik trifft unmittelbar. Der Text Müllers folgt wie ein Nachhall. Freilich einer, der – und sei es auch noch so paradox – der Musik erst einmal voraus war, so, wie der Bach dem Wanderer.

Wir erfahren eine wahrhaft dramatische Liebesgeschichte, in der die Angebetete kein Wort mit ihrem Geliebten wechselt.

»Und das liebe Mädchen sagt / Allen eine gute Nacht.« Müller betont die Nichtbeachtung des Wanderers unauffällig, doch wirksam mit einem Verssprung.

Des Müllers Ungewißheit wird zur Grundmusik des Baches. Den Titel des sechsten Liedes – »Der Neugierige« – verstehe ich ironisch. Was erfährt der Neugierige anderes als das, was er schon weiß. Daß er unterwegs bleiben wird.

»Ja, heißt das eine Wörtchen.
Das andre heißet Nein,
Die beiden Wörtchen schließen
Die ganze Welt mir ein.«

Diese rhetorische Liebes- und Leidensformel wird vom wandernden Bach und vom Wanderer gesprengt. Die Vertraulichkeit zwischen beiden drückt sich jetzt auch in der Anrede des Wanderers an den Bach aus. »O Bächlein meiner Liebe«.

Das Wasser hat ihn geführt, führt ihn hindurch. Was ist das für ein Bach? Stellt ihn der Müller sich in Gestalt vor? Wird er, wenn der Wanderer ihn anspricht, zur Person? Manchmal scheint es so. Ein liebevoll akzeptierter Begleiter: »Sag Bächlein, liebt sie mich?« Aber der Bach bleibt Element. Er gerinnt nicht, auch nicht in Augenblicken, zur Figur, wird nicht körperlich, tritt nicht als Nöck ans Land. Im Gegenteil: Der Bach in der »Schönen Müllerin« entspricht viel eher dem, was die Undinen im Menschen suchen, er entspricht dem Wesen, dem Bewegten, der Seele.

Zwei Lieder lang – »Ungeduld« und »Morgengruß« – ist der Bach nicht anwesend, wirbt der Müller um die Liebste. Im neunten – »Des Müllers Blumen« – blitzt er nur kurz, beziehungsreich auf:

> »Am Bach viel kleine Blumen stehn,
> Aus hellen, blauen Augen sehn;
> Der Bach, der ist des Müllers Freund
> Und hellblau Liebchens Auge scheint,
> Drum sind es meine Augen.«

In der Mitte des Zyklus, im zehnten Lied, berühren sich die Melancholie des Wanderers und die »Seele des Baches«. Das geschieht in Anwesenheit der Liebsten, die ihr Teil dazu beiträgt, daß das Element unruhig wird, aufbegehrt. Schubert hat es, dem Dichter folgend, als ein Strophenlied komponiert, allerdings enorm hellhörig, die Motive erinnernd. In der letzten Strophe wendet sich das Dur ins Moll, wer's hört, spürt es wie einen schmerzlichen Fall. Es

könnte aber sein, daß Schubert die Tonartenwende
aus dem Text herausgehört hat. Der bringt eine sehr
eigene Musik mit:

»Tränenregen

Wir saßen so traulich beisammen
Im kühlen Erlendach,
Wir schauten so traulich zusammen
Hinab in den rieselnden Bach.

Der Mond war auch gekommen,
Die Sternlein hinterdrein,
Und schauten so traulich zusammen
In den silbernen Spiegel hinein.

Ich sah nach keinem Monde
Nach keinem Sternenschein,
Ich schaute nach ihrem Bilde
Nach ihren Augen allein.

Ich sahe sie nicken und blicken
Herauf aus dem seligen Bach,
Die Blümlein am Ufer, die blauen,
Sie nickten und blickten ihr nach.

Und in den Bach versunken
Der ganze Himmel schien,
Und wollte mich mit hinunter
In seine Tiefe ziehn.

Und über den Wolken und Sternen
Da rieselte munter der Bach
Und rief mit Singen und Klingen:
Geselle, Geselle, mir nach!

Da gingen die Augen mir über,
Da ward es im Spiegel so kraus;
Sie sprach: es kommt ein Regen,
Ade! ich geh nach Haus. «

Erst wird ein trauliches Bildchen gemalt und gerahmt, im Stile Schwinds, im Stile Richters. Ein
Liebespärchen am Bachrain. Wer durch den Bach
eingestimmt ist, wird allerdings durch das »hinab«
beunruhigt. Um die Sterne, den Mond den beiden zu
schenken, wird der Bach zum Spiegel. Nun gibt es –
ahnt es der Wanderer? – ein Darüber und Darunter,
ein Davor und Dahinter. Der bewegte Bach setzt die
Welt in Bewegung, die Welt des Wanderers. Der
Himmel sinkt hinter den Spiegel. Plötzlich verspürt
der Wanderer einen Sog. Das Wort »hinunter« zuckt
auf. Wir kennen es. Schubert hat es echohaft ver-
stärkt. Hinunter, hinunter. *Über* den Wolken und
Sternen rieselt der Bach. Hinter dem Spiegel liegt die
bestirnte Nacht, die der Liebe hätte glänzen sollen.
Die Welt wendet sich. Das geschieht in der Achse der
Wandergeschichte. Es ist eine Vorwarnung des Elements. »Geselle, Geselle, mir nach.« Im Ein- und
Ausatmen zwischen sechster und letzter Strophe
springt die Ahnung ins Wissen um. Jetzt *weiß* der
Wanderer, wohin, zu welchem Ziel sein Freund, der
Bach, ihn führt. »Da gingen die Augen mir über, /
Da ward es im Spiegel so kraus.« Die ungetrübte,
spiegelnde Seele des Elements wird angerührt und
reagiert. Das Element beginnt zu weinen. »Sie
sprach: es kommt ein Regen, / Ade! ich geh nach
Haus.« Nicht nur, daß die schöne Müllerin den Müller nicht erhören will; den Bach, die Sprache des Elements versteht sie auch nicht.
Der Müller gibt nicht auf. Er will das Mädchen

haben, will sich selber aufhalten, will aus der Spur und dem Bächlein folgerichtig die Gefolgschaft, das Gespräch aufkündigen. Aller Welt erklärt er, die Müllerin gehöre ihm. »Die geliebte Müllerin ist mein.« Und dem Bach befiehlt er, stille zu sein. »Bächlein, laß dein Rauschen sein.«

Mit dem Lied »Mein« erinnert Schubert an das erste Lied »Das Wandern«. Der Aufbruch wiederholt sich. Allerdings mit Störungen, die wir schon kennen, den kaum merklichen Stolperern, den ängstlichen Atemstößen zwischen den Wörtern. Das Lied steht im Alla-breve-Takt, worauf Arnold Feil in seiner Analyse der »Schönen Müllerin« ausdrücklich hinweist. Die halbe Note ist »Zählzeit und Bewegungseinheit«. Und die Halben seien ebenso »Mäßig geschwind« zu nehmen wie die Viertel. Die Musik bewegt sich absichtlich gegen den wörtlichen Jubel. Der Bach fließt im Untergrund springend bergauf. Eine Weile schaut der Wanderer nicht mehr in den Spiegel hinunter, zum Bach hinab. In seiner Liebe geht er dem Wasser verloren. Das Lied von der Laute beschwört eine Farbe, die gut und bös mitspielen wird: Grün. Es ist ein Motiv aus der Zeit: die Laute mit der Schleife an der Wand. Müller hat das schönste aller Lautengedichte vermutlich gekannt; bestimmt aber Schubert, der zweiundzwanzig Gedichte von Ludwig Christoph Heinrich Hölty vertont hat. »Auftrag« jedoch nicht:

»Ihr Freunde, hänget, wann ich gestorben bin,
Die kleine Harfe hinter dem Altar auf,
    Wo an der Wand die Totenkränze
      Manches verstorbenen Mädchens schimmern.

Der Küster zeigt dann freundlich dem Reisenden
Die kleine Harfe, rauscht mit dem roten Band,
   Das, an der Harfe festgeschlungen,
     Unter den goldenen Saiten flattert.

Oft, sagt er staunend, tönen im Abendrot
Von selbst die Saiten, leise wie Bienenton;
   Die Kinder, hergelockt vom Kirchhof,
     Hörtens, und sahn, wie die Kränze bebten.«

Das Gedicht Höltys redet mit und hinein. Seine Trauer durchdringt die Ahnung des Müllerschen Lieds.

Das Grün: Die Farbe wechselt von der Hoffnung in die Aggression. Müller spielt ohne Zweifel auch auf das Grün der Gendarmenuniformen an. Seinem Zorn über die Zensur, die Polizeizwänge hat er in Briefen freien Lauf gelassen. In den Gedichten hat er ihn verdeckt und versteckt. Der junge Mann, der in einem Salon in Berlin um die schöne und fromme Luise Hensel wirbt, hat seinen Rivalen, Clemens Brentano, es ist denkbar, in Gedanken als Gendarm eingekleidet und es ihn auch wissen lassen in dem Müller-Spiel. Zu seinem Vergnügen und zu dessen Ärger.

Das Spiel schlägt immer wieder durch. Den Ernst kann es nicht aus den Versen treiben.

»Warum ließ ich das Band auch hängen so lang?
Oft fliegt's um die Saiten mit seufzendem Klang.
Ist es der Nachklang meiner Liebespein?
Soll es das Vorspiel neuer Lieder sein.«

Liegt es am Metrum, an der Fragestellung? Mir kommt bei dieser Strophe immer der Leiermann in den Sinn. Das Vorspiel neuer Lieder. Die Wiederholung der schon gesungenen, schon erdachten? Im dreizehnten Lied spricht das Liebchen endlich ihren Liebsten an. Wenngleich indirekt. Er zitiert sie: »So sprachst du, Liebchen heut zu mir.« In keinem der Lieder wird mit solch unterdrückter Wut und solch verhaltenem Hohn geredet und gesungen. Bisher hab' ich nur einen Sänger gehört, Julius Patzak, der das aufnimmt und dem Lied gewachsen ist.

Mit dem Jäger, dem Rivalen, taucht auch der Bach wieder auf. Es ist nicht der Freund und Wandergefährte. Hier wird er als Bestandteil einer Topologie genannt: »Was sucht denn der Jäger am Mühlbach hier?« Die Nähe wird ins Unvertraute gerückt. Nicht ganz. Denn Schubert gibt dem Bach hier schon die Stimme, die in dem folgenden Lied – »Eifersucht und Stolz« – herzergreifend präsent sein wird. »Wohin so schnell, so kraus und wild, mein lieber Bach?« Das Wasser spiegelt die Emotionen des Wanderers, und der nimmt kindlich an, es teile seinen Zorn auf den grünen Jäger. Dieser Bubenton wird im Lauf des Liedes nicht aufgegeben. Er färbt sich nur rauh ein. Das Bächlein, der Freund, bekommt einen Auftrag; der wird in blanker Ironie erteilt:

»Wenn von dem Fang der Jäger lustig zieht nach
    Haus,
Da steckt kein sittsam Kind den Kopf zum Fenster
    'naus.
Geh, Bächlein, hin und sag ihr das, doch sag ihr
    nicht,
Hörst du, kein Wort, von meinem traurigen
    Gesicht;

Sag ihr: Er schnitzt bei mir sich eine Pfeif aus Rohr,
Und bläst den Kindern schöne Tänz und Lieder
   vor.«

Die liebe Farbe bekommt ihre Strophen, die böse genau so. Ein letztes Mal wird das Gespräch zwischen
dem Wanderer und seinem Element unterbrochen,
hofft er dem Bach zu entkommen. Am liebsten
würde er ins Grün eingehen, im Grün begraben sein.
Er übertreibt. Er traut seinem grünen Rausch nicht,
wendet sich gleichsam auf dem Absatz, möchte aufbrechen, doch nun fehlt ihm der Begleiter, nichts
empfängt ihn als eine grüne Welt – Schubert übertreibt hier schmetternd die Wanderlust –: Der weiße
Müller und die grüne Welt. So läßt er das Grün aus-
dorren in seiner Erinnerung wie die Liebe.

>>Ihr Blümlein alle,
Wie welk, wie blaß?«

Damit sich abzufinden erlaubt ihm sein Lied nicht.
Müller, der Romantiker, weiß: Wenn schon das Gemüt sich verfinstert, die Welt regeneriert sich, wird
alle Male neu und sei es gegen die Untreue, die fal-
sche Liebe.

>>Und wenn sie wandelt
Am Hügel vorbei,
Und denket im Herzen:
Der meint' es treu!

Dann Blümlein alle,
Heraus, heraus!
Der Mai ist kommen,
Der Winter ist aus.«

Heinrich Heine hat von Müllers Gedichten behauptet, sie glichen Volksliedern. Liest man solche Strophen und hört sie danach, verwandelt und hochgerissen von dem Schubertschen Jubel, tritt eine Farbe hinzu, die dem Volkslied fehlt, fehlen muß: Die Ironie. Sie trübt das scheinbar Ungetrübte ein und schmerzt.

Der Wanderer gibt auf, setzt seinen Weg nicht fort. Wenigstens für die Dauer dieses Liederkreises nicht. Er muß den Bach für sich einnehmen, das heißt, er muß ihn aufhalten. Das wiederum ist unmöglich. Er fließt, plätschert, springt. Eine andere Sprache hat er nicht. Kann der Gefährte, der körperlose, überhaupt wissen, wie verletzt und verloren der Wanderer ist? »Ach Bächlein, aber weißt du, / Wie Liebe tut?«

Schuberts Musik, auch in der Begleitung, hat den Wanderer schon zu wiegen begonnen. Ich stolpere jedes Mal über diesen Abgrund, der sich nicht auftut. Es genügt der leise Sprung von einer Zeile zur andern, um aus der einen in die andere Daseins- oder Naturform zu gelangen.

> »Ach unten, da unten,
> Die kühle Ruh!
> Ach, Bächlein, liebes Bächlein,
> So singe nur zu. «

Zwischen zwei Zeilen hat sich die Perspektive verkehrt. Aus dem Oben ist ein Unten geworden, aus dem Davor ein Dahinter. Hinterm Spiegel liegt nun der Müller. Undines Welt steht auf dem Kopf. Nicht die Geschöpfe des Wassers suchen die Liebe beim Menschen, in seiner irdischen Umgebung, sondern der von der Liebe verlassene Wanderer sucht Zuflucht im flüssigen Element Undines. Obwohl auch jetzt der Bach keine Gestalt annimmt, scheint es, als kennten wir ihn, seine bewegte, bewegliche Seele, die den Verlassenen behütet und beruhigt. Wort für Wort sag ich nun auf, wofür Wilhelm Müller sich eine Musik wünschte, die er nicht zu hören bekam.

Eine Musik, in der das Menschenmärchen von der beseelten Natur, der uns bewegenden Bewegung ganz und gar erfüllt ist:

»Gute Ruh, gute Ruh!
Tu die Augen zu!
Wandrer, du müder, du bist zu Haus.
Die Treu ist hier,
Sollst liegen bei mir,
Bis das Meer will trinken die Bächlein aus.

Will betten dich kühl,
Auf weichem Pfühl,
In dem blauen, kristallenen Kämmerlein.
Heran, heran,
Was wiegen kann!
Woget und wieget den Knaben mir ein!

Wenn ein Jagdhorn schallt
Aus dem grünen Wald,
Will ich sausen und brausen wohl um dich her.
Blickt nicht herein,
Blaue Blümelein!
Ihr macht meinem Schläfer die Träume so schwer.

Hinweg, hinweg,
Von dem Mühlensteg,
Böses Mägdelein, daß ihn dein Schatten nicht
    weckt.

Wirf mir herein
Dein Tüchlein fein,
Daß ich die Augen ihm halte bedeckt!

Gute Nacht, gute Nacht!
Bis alles wacht,
Schlaf aus deine Freude, schlaf aus dein Leid!
Der Vollmond steigt,
Der Nebel weicht,
Und der Himmel da oben, wie ist er so weit!«

6. Vorlesung:

Das Verschwinden des wandernden Wassers
Coda

Das Verschwinden des wandernden Wassers
Coda

Die »Schöne Müllerin« schließt mit einem Wiegenlied, einem »Gute Nacht«. Die Winterreise wird mit
einem »Gute Nacht« eröffnet. Beide Male hat der
wünschende Gruß, Gute Nacht, den Charakter des
Abschieds. Der Müller wird von seinem Weggefährten, dem Bach, der ihn aufnimmt, in den Schlaf ge-
wiegt; der namenlose Wanderer, der eine Reise in
den Winter antritt, geht an seiner Liebsten Haus vorbei und schreibt ihr das Gute Nacht an die Tür.
Ob sich Wilhelm Müller solcher Verquickungen be-
wußt war? Ich halte es für denkbar. Er arbeitete
kunstvoll, seine Lieder reagieren aufeinander, die
Themen, Motive, Anspielungen und Echos sind genau eingesetzt.
Der weiße Müller verwandelt sich. Er ist nicht der-
selbe, der mit aufgerissenen Augen durch Undines
Spiegel in den Sternenhimmel blickt. Er ist der gleiche. Er ist *der* Wanderer. Nun, in der Winterreise,
hat er auch noch seinen Beruf verloren, seine Liebste

hält sich bloß noch als ein Schatten in seiner und unserer Erinnerung.

»Fremd bin ich eingezogen, / Fremd zieh ich wieder aus.«

Der Bach fließt aus der Welt des Müllers in die des Winterwanderers, dabei verliert er seine Sprache, gibt sich nicht mehr als Gefährte, als Begleiter, zieht sich zusammen und zurück in seine Natur. Stumm weist er dem Wanderer eine Zeitlang den Weg.

Schubert hat die Texte des ersten Teils der »Winterreise« in »Urania – Taschenbuch auf das Jahr 1823«, die des zweiten Teils im zweiten Bändchen der »Gedichte aus den hinterlassenen Papieren eines reisenden Waldhornisten« gefunden. Im ersten Bändchen hatte er »Die schöne Müllerin« entdeckt. Das war schon wieder vier Jahre her. Den ersten Teil der Winterreise komponierte er ab Februar, den zweiten ab Oktober 1827.

Am 30. September 1827 ist Wilhelm Müller in Dessau gestorben, dreiunddreißig Jahre alt.

Am 19. November 1828 stirbt Franz Schubert in Wien, einunddreißig Jahre alt.

Beide haben sie schnell gelebt, ihr Glück zwingend und ungeduldig in ihrer Arbeit. Unmerklich hatten sie dichtend und komponierend eine Grenze überschritten, waren aus einem Zeitalter ins andere gelangt. Die sommerliche Fahrt verwandelte sich in eine Winterreise. Die Undinen, die verzaubernden Elementargeschöpfe hatten sich zurückgezogen, das Element selbst redete jetzt und machte die Poesie und die Musik elementar. Schreibend und musizierend schickten Müller und Schubert den Wanderer voraus. Er sagt kein Wort. Er *singt*. Es ist die Sprache, die wir noch verstehen. Seine Fremde hingegen lernen wir erst allmählich zu begreifen.

Zeichen für die geahnte Epochenwende hat der Dichter schon früh gesetzt. Dem Liederkranz von der »Schönen Müllerin« gab er den Untertitel: »Im Winter zu lesen.«

Im Oktober 1827, während er am zweiten Teil der Winterreise komponierte, schrieb Schubert eine harsche Wanderbotschaft an Anna Hönig, die störrische Liebste Moritz von Schwinds: »Es fällt mir schwer, Sie benachrichtigen zu müssen, daß ich heute abend nicht das Vergnügen haben kann, in Ihrer Gesellschaft zu seyn. Ich bin krank, und zwar von der Art, daß ich für jede Gesellschaft untauglich bin.« Das ist, im genauesten und gültigsten Sinn des Wortes eine *Absage*: »Fremd bin ich eingezogen, / Fremd zieh ich wieder aus.«

»Mäßig, in gehender Bewegung« gibt Schubert im Manuskript für das Tempo des ersten Liedes an.

Was sind das für Schritte, die von Achteln in die Unendlichkeit vorangetrieben werden? Geht er, der Wanderer? Oder denkt er das Gehen? Geht er womöglich auf der Stelle? Schuberts Tempovorschrift hilft. Ich erinnere mich an die Bewegung des Elements und die Bewegtheit des ihm ausgesetzten Menschen, denke an die liquide Seele. Der Wanderer, unterwegs, ist vom ersten Schritt an bewegt. Wovon? Doch nicht allein von dem Abschied, der ihm nicht mehr bevorsteht, dem er ironisch einen Punkt setzt:

> »Will dich im Traum nicht stören
> Wär' schad um deine Ruh;
> Sollst meinen Tritt nicht hören –
> Sacht, sacht, die Türe zu!
> Schreib im Vorübergehen
> Ans Tor dir: Gute Nacht,

Damit du mögest sehen,
An dich hab ich gedacht.«

Der Wanderer schließt eine Tür hinter sich, muß also im Hause, zu Hause gewesen sein. Die drängenden Schritte hingegen, die auf ihn zukommen und ihn mitnehmen, lassen das Haus bloß als Durchgangsstation stehen.

Ich habe gesagt: Die Schritte nehmen ihn mit. Es ist nicht mehr der Bach, den wir hören, der in der Begleitung seine Stimme hat. Es ist nun das Wandern selbst. Die Bewegung, die den Wanderer bewegt. Und als melodische Antwort auf diese Bewegung hören wir die Bewegtheit seiner Seele. Aber noch hat er nicht den Bach und der Bach nicht ihn verlassen, wenn auch das Bächlein in den beiden ersten Liedern, Landliedern, Liedern von verlassenen Häusern, unsichtbar bleibt.

»Was fragen sie nach meinen Schmerzen?« ruft er im zweiten Lied gegen die im Wind ächzende Wetterfahne.

»Gefrorene Tränen« heißt das dritte Lied. Von neuem kehrt sich um, was in der Schönen Müllerin umgekehrt wurde. Aus der Quelle springt nun kein Bächlein mehr, sie ist kein Brunnenort, die Schöne Lau längst aus ihrem Märchen vertrieben. Aus der Brust des Wanderers quillt jetzt die Antwort auf das Bächlein. Die bewegte Seele, das flüssige Element des Wesens übernimmt die Rolle des Baches. Und merkwürdig entfernt beobachtet der Wanderer den Tränenstrom, als schaue er tatsächlich hinunter zu einem Fluß. Das Gehen nimmt ihn in Anspruch, der gleiche Schritt, der gleiche Rhythmus, der ihn aus dem Haus trieb, nur gerät er hier ins Torkeln, in stockende, schleifende Achtzehntel.

»Gefrorne Tropfen fallen
Von meinen Wangen ab:
Ob es mir denn entgangen,
Daß ich geweinet hab?

Ei Tränen, meine Tränen,
Und seid ihr gar so lau,
Daß ihr erstarrt zu Eise,
Wie kühler Morgentau?

Und dringt doch aus der Quelle
Der Brust so glühend heiß,
Als wolltet ihr zerschmelzen
Des ganzen Winters Eis?«

Trotz der Tränenflut tritt der Bach noch nicht zu-
tage. Das gefrorene Wasser hat die Natur vereist, die
Spuren der Liebe getilgt.
»Erstarrung«: Auch in diesem Lied kehrt sich ver-
rückt um, was dem Bach und seinem Wanderer fest-
geschrieben schien. Das Eis packt auch das Herz des
Wanderers. Es kommt ihm wie erstorben vor. In
diesem extremen Zustand wird die Erinnerung an
das fließende Wasser in einem bewegten Bild deut-
lich:

»Mein Herz ist mir erstorben.
Kalt starrt ihr Bild darin:
Schmilzt je das Herz mir wieder,
Fließt auch ihr Bild dahin.«

Mit einem Mal strömt des Müllers Bach. In seinem
Spiegel hält für einen Augenblick das Bild der Lieb-
sten und fließt dann fort. Davor oder dahinter?
Nicht einmal entfernt hat dieser Mädchenschatten

mit Undine zu tun. Keine Sehnsucht, keine Bewegung schafft es noch, die Müllerin, die geliebte Frau, zurückzurufen, ihr Gestalt zu geben. Das hat der Wanderer aufgegeben.

Oft wird der »Lindenbaum« für sich gesungen, ohne die anderen Lieder der »Winterreise«. Schober, der engste und gewittrigste Freund Schuberts, hielt ihn für das einzige gelungene Lied des Zyklus. Es ist wahr, die Melodie hört sich an wie vor langem gehört, wie ein Lied aus unser aller Jugend. Aber nur mit der ersten Strophe. Brunnen und Lindenbaum finden sich nebeneinander wie auf einem alten Wappenbild. Ich sehe, alle die Brunnen Merlines und Undines erinnernd, auch noch den Umriß einer Wasserfrau dazu. Selbst wenn kein Bächlein durch diese Szene fließt, das romantische Element ist gegenwärtig.

Die beiden folgenden Strophen des Lieds erzählen von mehr als nur einem Aufbruch. Der Wanderer erkennt seine Fremde an, bestätigt sich in ihr. Ich *mußt'* auch heute wandern, sagt er, singt er. Das Unterwegssein wird zum Zwang, zur Lebensform. Fast ist er nun dem Bach gleich, in der Bewegung, doch im Bewegtsein unterscheidet er sich von ihm. Die Seele, der liquide Teil unseres Wesens, widerspricht dem Wanderschritt. Schubert tut das auch. Er wiederholt die eben noch uns ergreifende Melodie des Anfangs wie eine ferne, wehmütige Erinnerung. Zwiefach erscheint im Text ein Wort, das mich an den Bach denken läßt. Zwar *rauschen* hier die *Zweige* und rufen ihm zu: »Hier findst du deine Ruh« – es ist, meine ich, genauso das Rauschen des Baches, das ihm, dem namenlosen Wanderer, nahelegt, zu ihm zu kommen, sich in seine Hut zu begeben, wie der

weiße Müller: »Schlaf aus deine Freude, schlaf aus
dein Leid . . . Und der Himmel da oben, wie ist er so
weit.« Ich höre das eine Lied, denke an das andere.
Die aus der Tiefe eines kollektiven Gedächtnisses tönende Melodie vom Brunnen und dem Lindenbaum
– *so* schön, um auch wahr zu sein – wartet vergeblich
darauf, von einem Wiegenlied aufgefangen zu werden. Das können wir nur *denken*, wenn wir uns die
Gedanken des Wanderers zumuten und uns seine
Fremde zutrauen. Er schlägt die Ruh aus. Er wandert
weiter. »Ich mußt auch heute wandern . . .«

»Der Lindenbaum

> Am Brunnen vor dem Tore,
> Da steht ein Lindenbaum:
> Ich träumt' in seinem Schatten
> So manchen süßen Traum.
>
> Ich schnitt in seine Rinde
> So manches liebe Wort;
> Es zog in Freud und Leide
> Zu ihm mich immer fort.
>
> Ich mußt' auch heute wandern
> Vorbei in tiefer Nacht,
> Da hab ich noch im Dunkel
> Die Augen zugemacht.
>
> Und seine Zweige rauschten,
> Als riefen sie mir zu:
> Komm her zu mir, Geselle,
> Hier findst du deine Ruh!

Die kalten Winde bliesen
Mir grad in's Angesicht;
Der Hut flog mir vom Kopfe,
Ich wendete mich nicht.

Nun bin ich manche Stunde
Entfernt von jenem Ort,
Und immer hör ich's rauschen:
Du fändest Ruhe dort!«

Ein letztes Mal verbinden sich Seele und Element; aber sie verbünden sich nicht mehr. »Wasserflut« heißt das Lied. Die freilich wird gar nicht beschrieben, besungen. Nur ihre Möglichkeit. Die Welt ist und bleibt eingefroren, ausgekühlt. Der Schnee ist stärker als die Tränen: »Seine kalten Flocken saugen / Durstig ein das heiße Weh.« In Gedanken und aus einer verzweifelten Sehnsucht versucht der Wanderer den Winter aufzubrechen. Er will singend den Schnee zum Fließen bringen:

»Schnee, du weißt von meinem Sehnen:
Sag wohin doch geht dein Lauf?
Folge nach nur meinen Tränen,
Nimmt dich bald das Bächlein auf.«

Nur fließt das Bächlein zurück, bergauf, strömt in eine Vergangenheit, aus der der Wanderer floh. »Da ist meiner Liebsten Haus.« Wieder schieben sich das Bild des weißen Müllers und das des Wanderers übereinander. Heißt es nicht am Schluß der vorausgehenden Strophe: »Nimmt dich bald das Bächlein auf.« Ich weiß, es ist der Schnee gemeint, dennoch hat der Satz ein Echo: »Ach unten, da unten die kühle Ruh.«

»Wasserflut

Manche Trän aus meinen Augen
Ist gefallen in den Schnee;
Seine kalten Flocken saugen
Durstig ein das heiße Weh.

Wenn die Gräser sprossen wollen,
Weht daher ein lauer Wind,
Und das Eis zerspringt in Schollen,
Und der weiche Schnee zerrinnt.

Schnee, du weißt von meinem Sehnen:
Sag wohin doch geht dein Lauf?
Folge nach nur meinen Tränen,
Nimmt dich bald das Bächlein auf.

Wirst mit ihm die Stadt durchziehen,
Muntre Straßen ein und aus –
Fühlst du meine Tränen glühen,
Da ist meiner Liebsten Haus!«

»Auf dem Flusse« – so könnte sich ein sommerliches
Lied von einer Kahnfahrt ankündigen, eine Reminis-
zenz an Eichendorffsche Wasser- und Wiesenfeste.
»Der du so lustig rauschtest, / Du heller, wilder
Fluß« – gleichsam mit Geigen und Hörnerklang
wird er in Erinnerung gerufen, mit den beiden ersten
Versen der ersten Strophe. Doch schon mit den beiden folgenden verschwindet der Fluß aus der eisigen
Welt, verläßt uns das romantische Wasser, das undinische Element, überschreitet der Wanderer »Auf
dem Fluß« die Grenze zwischen zwei Epochen. Zwischen dem Zeitalter des romantischen Wassers, des
bewegten Elements, des Wechselspiels zwischen

Seele und Element und dem Zeitalter der Moderne, des ausdauernden Winters, der ausgekühlten Welt und des vergessenen Bewegtseins. Der Wanderer stellt den Verlust und den Übertritt leise, wie im Selbstgespräch, fest und mit einer wunderbaren Zärtlichkeit für den Begleiter, das Bächlein: »Wie still bist du geworden, / Gibst keinen Scheidegruß.« Ohne Adieu macht es sich davon, das Bächlein, verläßt es seinen Gefährten, der sich im nächsten Lied, »Rückblick«, noch einmal seiner erinnert und nicht nur seiner, sondern einer Welt, die er verlassen hat, die nur noch in seinem Gedächtnis leuchtet: »Die runden Lindenbäume blühten, / Die klaren Rinnen rauschten hell.« Das erinnert noch einmal an das rauschende Wasser, an Undine, den Nöck, die Schöne Lau und nicht zuletzt an den wandernden Bach, den Gefährten.

Der bewegten Bewegung, geleitet durch den wandernden Bach, folgt nun der Wanderschritt des Fremden. Dem »Irrlicht« für eine atemlose Weile folgend, wagt der Wanderer den Zusammenfluß des Wassers und des Wanderns zu denken: »Jeder Strom wird's Meer gewinnen, / Jedes Leben auch sein Grab.«

Ich bin ihm vorausgeeilt; aus der Position des Leiermanns schaue ich dem Wanderer entgegen. Der Winter hat längst begonnen, die Epoche der frierenden und gefrorenen Emotionen, des erstarrenden Bewegtseins. Die Fremde ist, der Wanderer weiß es, die Grunderfahrung unserer Epoche. Sie herrscht nicht nur zwischen den Menschen, sondern auch zwischen den Menschen und ihrer Welt, aus der sich keineswegs bloß die Wasserfrauen zurückzogen. Ich frage mich, welche Lieder der Wanderer anstimmt, um sie, von der Leier des Alten begleitet, zu wiederholen. Ob sich womöglich alles wiederholt in einem die Zeit aufhebenden perpetuum mobile? Ob wir, nach dem Verlust des figurenreichen, sprechenden Wassers, nur noch die Winterlieder zu hören bekommen? Oder bleiben wir, endlich unsere Fremde annehmend, unterwegs auf der Suche nach einer unschuldigen Gegend?

Der Autor

Peter Härtling, geboren 1933 in Chemnitz. 1946 Umsiedlung nach Nürtingen. Nach Abbruch des Gymnasiums kurze Fabriktätigkeit. Besuch der Bernstein-Schule bei HAP Grieshaber. 1952–1954 Volontär in der Lokalredaktion der »Nürtinger Zeitung«; 1954–1955 Redakteur bei der »Heidenheimer Zeitung«; 1956–1962 Feuilletonredakteur bei der »Deutschen Zeitung«; 1962 Redakteur bei der Zeitschrift »Der Monat«, ab 1964 Mitherausgeber. Anfang 1967 Cheflektor des S. Fischer Verlages in Frankfurt a. M., dort ab 1968 Sprecher der Geschäftsleitung; 1970 legt er die Redaktion des »Monat« nieder, 1973 scheidet er aus der Geschäftsführung des S. Fischer Verlages aus; seitdem freier Schriftsteller. 1977 Stadtschreiber von Bergen-Enkheim; »Dozentur für Poetik« an der Universität Frankfurt a. M. im Wintersemester 1983/84. Mitglied des PEN-Zentrums der Bundesrepublik Deutschland, der Akademie der Künste in Berlin, der Mainzer Akademie der Wissenschaften und der Literatur sowie der Deutschen Akademie für Sprache und Dichtung in Darmstadt. Peter Härtling war jahrelang Mitglied der Synode der Evangelischen Kirche in Deutschland; er lebt in Mörfelden-Walldorf, ist verheiratet, hat vier Kinder.

Diese Vorlesungen wurden im Rahmen einer Gastprofessur für Poetik an der Hochschule für Musik und Darstellende Kunst »Mozarteum«, Salzburg, im Januar 1994 gehalten.

Bitte beachten
Sie auch
die folgenden Seiten

Lieferbare Radius-Bücher (eine Auswahl)

Otto Kaiser: **Ideologie und Glaube.** 160 S., br.
Erika Kitter: **…und dann nahm ich mir heraus zu leben.** Multiple Sklerose – Ein Über-Lebens-Bericht. 152 S., br.
Christoph Klimke: **Der Test oder: Chronik einer veruntreuten Seele.** Erzählung. 96 S., geb.
Paul Krauß: **Der ersehnte Tod.** 112 S., br.
Jo Krummacher / Hendrik Hefermehl: **Ratgeber für Kriegsdienstverweigerer.** 240 S., br.
Günter Kunert (Hrsg.): **Dichter predigen.** 168 S., br.
Monika Lamers: **Der Anachoret.** Roman. 320 S., geb.
Dieter Lattmann: **Die verwerfliche Alte.** Eine Geschichte aus unserer Zeit. 192 S., geb.
Klaus Lefringhausen: **Wirtschaftsethik im Dialog.** 216 S., br.
Hans Lenk: **MitterNachtsSonnenEnde.** 140 S., br.
Hans Lenk: **Prometheisches Philosophieren.** 160 S., br.
Hans Lenk: **Tagebuch einer Rückreise.** 128 S., br.
Winfried Leuprecht: **Der Versuch, aufrecht zu stehen.** 140 S., geb.
Martin Lotz: **Evangelische Kirche 1945–1952.** Die Deutschlandfrage. 208 S., geb.
Henning Luther: **Frech achtet die Liebe das Kleine.** 128 S., br.
Henning Luther: **Religion und Alltag.** Zu einer Praktischen Theologie des Subjekts. 336 S., br.
Kurt Marti: **geduld und revolte. die gedichte am rand.** 100 S., br.
Kurt Marti: **Die gesellige Gottheit.** 100 S., geb.
Kurt Marti: **Gottesbefragung.** 180 S., br.
Kurt Marti: **Herausgehoben.** 196 S., br.
Kurt Marti: **Lachen, Weinen, Lieben.** 128 S., br.
Kurt Marti: **O Gott!** 210 S., br.
Kurt Marti: **Paraburi.** 60 S., br.
Kurt Marti: **Die Psalmen Davids.** Annäherungen. 192 S., br.
Kurt Marti: **Die Psalmen 42–72.** Annäherungen. 160 S., br.
Kurt Marti: **Die Psalmen 73–106.** Annäherungen. 192 S., br.
Kurt Marti: **Die Psalmen 107–150.** Annäherungen. 196 S., br.
Kurt Marti: **Die Psalmen 1–150.** Annäherungen. Vier Bände. Zus. 780 S., br.
Kurt Marti: **Red' und Antwort.** 128 S., br.
Kurt Marti: **Die Riesin.** Roman. 144 S., geb.
Kurt Marti: **Schöpfungsglaube.** 100 S., br.
Kurt Marti: **Ungrund Liebe.** 60 S., br.
Gerhard Marcel Martin: **Vogel-frei.** Drehmomente der Christus-Begegnung. 152 S., br.
A. M. Klaus Müller: **Leid – Glaube – Vernunft** 96 S., br.
A. M. Klaus Müller: **Das unbekannte Land. Konflikt-Fall Natur.** 600 S., geb.
Leonie Ossowski: **Das Zinnparadies.** 64 S., geb.
Marietta Peitz: **Die bunte Wirrnis der Dinge.** 160 S., geb.
Marietta Peitz: **Ein fremdes Herz im Schwarm.** 120 S., geb.
Marietta Peitz: **Gotteszahl und Tageseinmaleins.** 128 S., geb.
Marietta Peitz: **Ich sollte Lilien pflanzen, ehe ich gehe.** 120 S., geb.
Marietta Peitz: **Rufus.** 180 S., geb.
Marietta Peitz: **Sindhu, Tashi & Co.** Ein Hundetagebuch. 96 S., geb.
Marietta Peitz: **Trittsteine.** Alltag mit einer muslimischen Flüchtlingsfamilie aus Bosnien. 96 S., br.
DAS PLATEAU. Die Zeitschrift im Radius-Verlag. 6 x jrl., je 48 S., Klappenbr.
RADIUS-Almanach. Sechzehn Ausgaben. Jeweils 64 bis 160 Seiten, Engl. Br.
Günter Radtke: **Notizen zur greifbaren Nähe.** 120 S., geb.
Hildegard und Fritz Ruoff: **Blicke und Bilder.** 2 Bände im Schuber br.
Hans Joachim Schädlich (Hrsg.): **Dichter predigen in Schleswig-Holstein.** 96 S., br.
Ulrich Schmidhäuser: **Entfeindung.** 92 S., br.
Ulrich Schmidhäuser: **Soll »Gott« nicht mehr »Herr« genannt werden?** 148 S., br.
K. R. H. Sonderborg: **Phänotypen.** 64 S., br.
Lothar Steiger: **Die Erinnerung nach vorne.** Erzählter Glaube. Die Evangelien. 390 S., geb.
Lothar Steiger: **Von wahrer und falscher Resignation.** Predigten im Nachmärz 1990–1993. 136 S., br.
Rolf Thoma (Hrsg.): **Die Mauer wird ein Grünes Gitter.** In Erinnerung an Heinrich Albertz. 88 S., br.
Iwan S. Turgenjew: **Mumu.** Neu übersetzt u. mit einem Nachwort von Rolf-Dietrich Keil. 88 S., br.
Heinrich Vogel: **Gesammelte Werke.** 12 Bände, geb. (Sonderprospekt)
Angelika Vonier: **Nicht geboren, ich zu sagen.** Biblische FrauenGeschichten. 140 S., geb.
Hanna Wolff: **Der eigene Weg.** 120 S., br.
Hanna Wolff: **Jesus als Psychotherapeut.** 180 S., br.
Hanna Wolff: **Jesus der Mann.** 200 S., br.
Hanna Wolff: **Neuer Wein – Alte Schläuche.** 240 S., br.
Hanna Wolff: **Der universale Jesus.** 160 S., br.

Im Radius-Verlag · Stuttgart